榜样的力量

文学家的成长故事

齐心 主编

文心出版社
· 郑州 ·

图书在版编目（CIP）数据

文学家的成长故事 / 齐心主编. —郑州：文心出版社，
2020.5（2021.2 重印）

（榜样的力量）

ISBN 978-7-5510-1986-6

Ⅰ.①文⋯　Ⅱ.①齐⋯　Ⅲ.①作家–生平事迹–世界
Ⅳ.① K815.6

中国版本图书馆 CIP 数据核字（2019）第 141648 号

编委人员名单（排名不分先后）

王绍雄	白军峰	李玉玲	王功成	陈晓蕾
付三英	郭富强	郝淑华	郎兆彬	李　涛
李书勇	吕梦鸽	孟彦歌	孙志晓	汤慧敏
易怀顺	张君燕	赵长春	郑晓东	周敬丽

文学家的成长故事 ｜ 齐心 主编

选题策划：齐占辉
责任编辑：齐占辉
责任校对：马俊晓
装帧设计：李莱昂
出版发行：**文心出版社**
　　　　　（郑州市郑东新区祥盛街 27 号　邮政编码 450016）
印　　刷：北京盛通印刷股份有限公司
经　　销：各地新华书店
开　　本：710×1000　1/16
字　　数：250 千
印　　张：11.5
版　　次：2020 年 5 月第 1 版
印　　次：2021 年 2 月第 2 次印刷
书　　号：ISBN 978-7-5510-1986-6
定　　价：25.00 元

"榜样的力量"，以通俗的故事打动人，以细腻的文字感染人，以榜样的力量引导人。读"榜样的力量"，做新时代出彩少年。

崔喜梅

——河南省少年儿童图书馆馆长 崔喜梅

榜样是一种力量，彰显世界；
榜样是一面旗帜，鼓舞斗志；
榜样是一座灯塔，指引方向；
榜样是一种精神，需要传承。
读"榜样的力量"，做新时代榜样！

马保民

——《作文》杂志社主编 马保民

在读《丑小鸭》时，我的心被深深地打动了……当白天鹅从天空飞过时，丑小鸭是什么感觉呢？他感到一种说不出的兴奋，他爱他们，好像之前他从来没有爱过什么东西似的。

亲爱的孩子，当我看到"榜样的力量"这套丛书时，就不禁想起了那幅动人的画面。我们生活在大地上，却需时常仰望天空。我们过着平凡的生活，却总向往着美好的远方。如果我们有如白天鹅那样的榜样，我们会不会如丑小鸭那般拼命游动？

打开这套书吧，就像看到白天鹅在飞翔，随后，我们也会明白自己努力的方向。

——儿童文学作家 王钢

未来有多美，取决于与谁同行。未来有多大成就，有多大进步和提升，取决于我们有没有榜样、以谁为榜样。榜样，就是我们未来要成为的样子。榜样的力量是无穷的，一旦确定了自己的人生榜样，我们就会爆发出无穷的潜力。因为，榜样是我们前行的指路明灯，是我们奋进的牵引动力。我们承接着榜样的爱和力量，承接着他们的智慧，并把它传递下去。爱由此流淌，力量由此传递，智慧由此传承。

——"微课传奇"家庭教育导师、"听见花开"读写推广人 范新霞

榜样从不发号施令，却拥有着最让人信服和想要遵从的力量。读"榜样的力量"，更加纯粹地去拥抱未来。

——知名儿童绘本插画师 皮痞祖

文字讲述故事，榜样催人奋进，理想使人丰满，奋斗改变命运。每一个时代的青少年都需要"榜样的力量"，鼓舞人心，引领方向，从而活出精彩自我，抵达富有魅力的人生境界。

——河南省青少年作家协会副主席兼秘书长 王河涛

榜样是一个人心中的标杆，它会让我们在不知不觉中摒弃许多不好的东西，来做更好的自己。遇见"榜样的力量"，让孩子们在《文学家的成长故事》里爱上阅读，用文学丰盈内心；在《艺术家的成长故事》里学会欣赏，用艺术审视生活；在《科学家的成长故事》里崇尚创新，用科学造福人类；在《军事家的成长故事》里汲取能量，用勇敢征服世界。

——郑州师范学院副教授、中小学读写教育专家 时红明

榜样的力量是无穷的，尤其是对青少年而言，学习什么样的榜样，更会对他们养成良好的行为习惯，树立正确的人生观、价值观、世界观产生深远影响。愿每一位少年都能读到这套书，汲取榜样力量，成就幸福人生。

——2015"阅读改变中国·年度点灯人"、"彩虹花和阅汇"发起人 时朝莉

　　一路走来，曾经把无数的人当作自己的榜样，去追随，去效仿；自己也做过别人的榜样，努力让自己做得更好，以不辜负别人的那份期待。天暗下去，你就是光，大概这就是榜样存在的意义了。愿每个少年人在人生成长的路上都能遇到自己的那束光，在长大后也能成为别人眼中的那束光。

——"米家共读"领读人、小作家训练营发起人　齐占辉

　　这是一套有温度的图书，书中的故事，或催人奋进，或发人深省，或动人肺腑……让我们一起感受榜样力量，憧憬美好未来！今天，榜样不断激励你；明天，你将成为最好的自己！

——青年作家、"金笔作文"首席讲师　余永亮

　　一个个饱含力量的榜样，一股股激励初心的力量，一盏盏照亮方向的心灯，鼓舞着、砥砺着、温暖着打开这套书的你我。

——《故事家》杂志主编、"功成作文"创始人　王功成

　　时光流转，书里的榜样却依旧在思想的夜空中熠熠生辉，如恒星般等待着新的注目者。每一个榜样的力量，都源远而流长。

——儿童文学作家、编剧、新概念作文大赛两届获奖者　王秋声

　　不管是偶像、明星还是伟大的榜样，每个人从小都有一个心中的superstar（超级明星）。或许他只是做了他应该做的事，但他的才华、努力、坚强、成就……给了你指路的明灯，也给了你永恒的阳光，给你源源不断的力量……感谢榜样，也感谢你自己，榜样成就了他自己，也塑造了优秀的你。

——内蒙古大学副教授、冰心儿童文学奖获得者　安宁

文学家是怎样炼成的

文 学 家 必 备 素 养

愿你眼中有光，
心中有梦

我上小学二年级时，哥哥上小学五年级。哥哥也就大我三岁而已，可我总觉得上五年级的是大哥哥大姐姐。突然有一天，在放学路上，哥哥的同学对着他一声声地喊"榜样，榜样"。时隔多年，对那些人为何喊哥哥"榜样"我已没多少印象，但听到哥哥被我眼中的大哥哥大姐姐称为"榜样"，并且还大声地当众喊出来，当时我那油然而生的崇拜之情至今记得清楚。

事实证明，"榜样哥哥"成了我人生路上的榜样，给予我不少指引与力量。彼时年少，不懂榜样的意义；如今回头，才知一个人心中若有榜样，或者身边有榜样一样的人，该是多么值得庆幸的一件事。

成年之后，在"榜样哥哥"的指引下，我实现了心中所愿，成了一名编辑，主编杂志，策划图书，在行业内小有名气。不管外面的世界如何喧嚣，我独坐一隅，安静地做着自己喜欢的工作，不急不躁，没有想着会成为谁的榜样，只想以自己喜欢的方式过一生。

可是，不知道从何时起，我常常听到一些声音，这些声音来自世界各地——

有的是十几岁的孩子，对我说："我长大后想成为你的样子。"

有的是刚刚走出人生低谷的成年人，对我说："天暗下来，你就是光。"

有的远在国外，对我说："谢谢你在我坚持不下去时给了我前行的勇气。"

有的是一路陪伴，从学生到后来做了老师，对我说："不管我是什么样的角色，你都在给我温暖和力量。"

…………

原来，这些年我不管是编辑杂志、策划图书，还是写字出书，连我自己都不知道，我用文字影响了那么多的人。

尤其是在我主编励志杂志之后，十余年来，它不但改变了读者，也大大地改变了我。正因为我在杂志里所编辑的每一篇文章、写过的每一个句子，都是阳光的、向上的、积极的、明亮的，我所刊登的每一个人物都具有榜样的品质。

与其说我是终日与文字打交道，不如说我是与榜样在用别样的方式交流。"近朱者赤，近墨者黑"，先人说过的话不无道理。

所以，这套"榜样的力量"（一套4册），我虽然没有花费十余年的精力去打造它，但书中所选的榜样却是由古至今，从文学家、艺术家到科学家、军事家，每一个人物，不，每一个榜样身上所具备的优秀品质，都让我钦佩不已。

　　文学家的勤学好问、刻苦钻研、百折不挠、意志坚定、锐意进取、坚持不懈……

　　艺术家的追逐梦想、疯狂痴迷、顽强不屈、放飞想象、保持天真、追求美好……

　　科学家的严谨认真、精益求精、发展创新、勇于探索、坚定不移、矢志不渝……

　　军事家的爱国至上、博大情怀、运筹帷幄、决胜千里、视死如归、威武不屈……

　　编写的过程中，不是没有遗憾，我自问：短小的故事何以撑得起这些影响世人的榜样？也许，我们不能记住他们光辉的一生，但我们完全可以撷取其中的一瞬，还有这一个又一个的优秀品质。

　　除此之外，我还有遗憾，小时候家庭条件有限，想读书却藏书不多，如果小时候就能读到这些榜样的故事该有多好，他们一定像星星一样，照耀着我前行的脚步，使我走得更远。

　　所以，编写尚未完工，我便和这套书的责编前往河南省少年儿童图书馆，迫不及待地与孩子们分享这些榜样的故事，以便让孩子们更早地知道榜样，了解榜样，然后在榜样的故事中获得力量。在分享会现场，孩子们听得津津有味，有的孩子积极举手，讲出一两个榜样的故事。我清楚地看到，他们讲故事时，眼睛里是有着光芒的。我竖起大拇指给他们点赞，并表扬他们说"一看就是爱读书的孩子"。带他们来参加分享会的班主任也说，这些孩子的作文也写得不错。

　　就像我在分享会上说的那样：我们最终有可能成为不了文学家、艺术家、科学家、军事家，但只要肯学习这些榜样具备的优秀品质，我们的人生根本不会差到哪儿去！当然，小小年纪说人生太远，我们单说作文，只要在习作里对这些榜样的故事善加运用，就会为你的作文增添无数闪光点。

　　分享会结束时，孩子们纷纷写出对榜样所要说的话，我想，哪怕他们的文字再稚嫩，下笔的那一瞬，他们的内心也都是阳光的、向上的、积极的、明亮的。

　　只因为，那一刻，他们的心和榜样在一起。

　　如今，我和哥哥早已不再是少年，但庆幸的是，我和哥哥都成了他人眼中的榜样。如果你问我成为榜样的经验，我只有一句话：与榜样同行。所以，请接受我真诚的祝愿：愿你眼中有光，心中有梦，成就自己，影响他人。

目录 MULU

* 知识收获
* 精神收获

* 激发孩子
主动思考

+ 阅读收获

+ 读后问一问

⑤
阅读回顾

④
阅读积累

+ 好词解释
+ 精彩句段分析

③
故事正文

+ 人物品质
+ 学习重点

②
了解故事
精神内核

提高
阅读能力

培育
文学素养

阅读目标

养成
良好习惯

+ 生平籍贯
+ 成就展示
+ 代表作品

阅读步骤
①②③④⑤

①
了解人物
基本信息

精神内核
优良品质

内容载体
成长故事

阅读内容

榜样为孩子们树立标杆,
以一股无形的力量引导孩子们
树立远大志向,
并在奔赴梦想的成长道路上,
不忘初心,砥砺前行。

本书导读

屈　原

[约前 340—约前 278]
湖北秭归人

成就：伟大的爱国诗人，中国浪漫主义文学的奠基人，被誉为"中华诗祖""辞赋之祖"。

代表作：《离骚》《九章》等。

阅读关键词：志气

照面井和屈原

　　每年端午节，我们都会想起一个人，这个人就是我国文学史上伟大的爱国诗人屈原。一个人与一个节日、一种民俗关系如此紧密，中国历史上唯此一人。

　　屈原，战国后期楚国人，故乡湖北秭归是楚文化发源地之一。传说秭归县名由屈原而来。在这里，还有不少地方也都是因屈原而建，比如照面井。

　　香炉坪是屈原出生的地方，香炉坪的正对面有座三星岩，三星岩的半山腰有眼泉水井，井边有块石碑，刻着"照面井"三个大字。屈原家乡的人爱护这口井，世世代代口耳相传着屈原少年时代的一个故事。

　　相传屈原从小就养成了好洁净的习惯，加上姐姐常一边给他梳洗，一边给他讲那些歌颂高尚美德的故事，他的好洁净的习惯就更加根深蒂固了。渐渐地，屈原长大了，他每天早起后就来到香炉坪下的响鼓溪畔，对着清清的溪水照面、洗脸、梳

头、整衣冠。

有一天，屈原突然想到：要是能有一口井像姐姐说的那样，既能照出脸上的污垢，又能照出心上的灰尘，该多好啊！想到这里，他就扛来一把小锄头，爬到三星岩边挖起井来。屈原年纪小，力气也小，一连挖了两天，才挖了铜锣大的一块地面，深不到一尺。他的所作所为被三星岩上的山神爷爷看到了，山神爷爷就变成一个白眉白须的老樵夫，问他为什么挖井。屈原说："我想挖一口既能解渴、又能浇田、又能照面、又能照心的水井。"

老樵夫觉得屈原有志气，就帮他在三星岩山腰选好井位，又借给了他一把金光闪闪的金镐。就这样，屈原又挖了好久，直到遇上龙骨石。原来这山里伏着一条千年老龙，老龙化成了青石，压住了地脉，把泉眼封死了。多亏山神爷爷帮忙引导着屈原找准了位置，砸开了龙骨石。泉眼开了，泉水汩汩地直往上翻花，那水又清又凉，又甜又香，真跟琼浆玉液①一样。

从此，屈原每天清早都要来到井边，用清清的泉水梳洗一番。每次梳洗完，他就对着明亮的井水查看自己心底里有没有私心邪念，行为上有什么不够检点。这口照面井就像一面明镜，朝朝暮暮②照着他那幼小的心灵。

这井水也怪，好人喝它，清爽异常，津甜可口；坏人喝它，五内俱焚，腹如刀绞。好人愈照愈美，坏人愈照愈丑，所以古人留下了"照面井寒奸佞胆"的诗句。

千百年来，屈原家乡的人们出坡下田，收工路过，都要绕到井边照一照，洗净眼里的灰尘，涤去脸上的脏污。老人们还说，当三星高照的时候，如果伏在井台边，兴许还能从井水里看到屈大夫那忧国忧民③的容颜呢！

屈原不仅为自己的家乡留下了不少美丽的传说，还为后人留下了《离骚》《九章》等光辉诗篇，声贯古今，名扬中外。

好词解释

①琼浆玉液：用美玉制成的浆液，古代传说饮了它可以成仙。比喻美酒或甘美的浆汁。

②朝朝暮暮：每天的早晨和黄昏，指短暂的时间。

③忧国忧民：为国家的前途和人民的命运而担忧。

精彩句段分析

从此，屈原每天清早都要来到井边，用清清的泉水梳洗一番。每次梳洗完，他就对着明亮的井水查看自己心底里有没有私心邪念，行为上有什么不够检点。这口照面井就像一面明镜，朝朝暮暮照着他那幼小的心灵。

这段话充分表达了屈原通过自己的努力成功挖了一口井后的喜悦之情，也让我们知道了这口井不只是被屈原用来洗脸梳发的，还是被他用来观照自己内心的。

阅读收获

功夫不负有心人，通过屈原挖井的故事，我们知道了从小就有志气的屈原不屈不挠的坚强意志。同时，世代流传的"照面井"的故事，也证实了故乡百姓对屈原的景仰之情。

读后问一问

你知道端午节的来历吗？它和屈原之间有什么样的故事呢？

司马迁

[约前 145 或前 135—?]
陕西韩城人

★ **成就**：所著《史记》是我国最早的通史。此书开创了纪传体史书的形式，对后世史学和文学都有深远的影响。

★ **代表作**：《史记》《司马文正公集》等。

阅读关键词：立志

孺子可教司马迁

你知道"孺子可教"的意思吗？"孺子"是指小孩子，"教"是教诲，意为小孩子是可以教诲的，后形容年轻人有出息，是可造之材。这句话正是少年司马迁的真实写照。

小时候，司马迁家境很好，生活上本该无忧无虑，但父亲在学习方面仍对他要求非常严格。司马迁很小就阅读古代的史书，他一边读一边做摘记，不懂的地方就请教父亲。由于他格外勤奋和聪颖，有影响的史书都读过了，所以中国三千年的古代历史在他的头脑中有了大致轮廓。加上父亲的熏陶①，他从小便立志要做一名历史学家。

除了读书学习，司马迁也随家中下人做些耕地、放牧的农活儿，从小就积累了一定的农牧知识，养成了吃苦耐劳的品格。这种农耕社会最底层的艰苦劳动，在少年司马迁的心里留下了深深的印记。司马迁在干活儿的过程中接触到了农民，感受到

了百姓生活的艰辛，也在劳动中丰富了对知识的感悟，把农耕、放牧的实践同书本知识联系起来，更加深切地领悟到了史书的真谛②。

一开始，父亲担心劳动会耽误司马迁的学习，便抽出时间想教儿子读书。当他把书拿出来时，司马迁说："这本书我读过了。"然后把书从头至尾背诵了一遍。听完司马迁的背诵，父亲非常惊讶，可又百思不得其解③，难道儿子是神童？

司马迁再赶着羊群去放牧时，父亲就悄悄尾随其后。走了没多久，只见司马迁把羊群赶到草地中央，等羊开始吃草后，他就从怀中掏出一本书来读，那琅琅的读书声不时地在草地上回荡。

看着这一切，父亲全明白了，原来，儿子不是神童，是"孺子可教"。

后来，司马迁不但成了历史学家，还经过数年艰苦的努力，写成了《史记》。这部巨著对后世史学与文学都有着深远的影响。

 好词解释

①熏陶：人的思想行为因长期接触某些事物而受到好的影响。

②真谛：真实的道理或意义。

③百思不得其解：反复思索，仍然不能理解。也说百思不解。

 精彩句段分析

司马迁在干活儿的过程中接触到了农民，感受到了百姓生活的艰辛，也在劳动中丰富了对知识的感悟，把农耕、放牧的实践同书本知识联系起来，更加深切地领悟到了史书的真谛。

这段话突出了劳动对司马迁的影响，少年时期的劳动实践在他以后的人生中起到了关键性作用。

阅读收获

人的一生中，少年时代是树立崇高理想的关键时期，这一时期所形成的志向会对一个人的成长起着关键性的作用。从小立志的司马迁就向我们证实了这一点。

读后问一问

你长大后想做什么？你准备为它付出什么样的行动呢？

孔　融

[153—208]
山东曲阜人

★ 成就：能诗善文，东汉末年文学家，"建安七子"之一。曾任北海相，时称孔北海。所作散文，锋利简洁，多讥嘲之辞。

★ 代表作：明人辑有《孔北海集》。

阅读关键词：谦让

孔融让梨

　　你知道孔融让梨的故事吗？《三字经》中的"融四岁，能让梨"就来自于这个故事。

　　孔融小时候十分聪明，也非常懂事。他上有五个哥哥，下有一个弟弟，兄弟七人相处得十分融洽①。

　　孔融4岁那年，有一天，母亲买来一些梨，清洗完毕之后，就用盘子盛了放在桌子上，哥哥们让孔融和最小的弟弟先拿。

　　孔融看了看盘子中的梨，发现梨子有好有坏、有大有小。他不挑好的，不选大的，只拿了一个最小的梨子，津津有味②地吃了起来。

　　父亲看到孔融的这番行为，很是高兴，心想：别看这孩子刚刚4岁，却懂得把好的东西留给别人的谦让之礼。于是他故意问孔融："盘子里这么多梨，又让你先拿，你为什么不拿大的、好的，而只拿一个最小的呢？"

　　孔融回答说："我年纪小，应该拿最小的，大的应该留给

哥哥吃。"

父亲接着问道："你弟弟不是比你还要小吗？照你这么说，他应该拿最小的那个才对呀。"

孔融说："我比弟弟大，我是哥哥，我应该把大的让给弟弟吃。"

父亲听他这么说，哈哈大笑道："你真是一个好孩子，以后一定会很有出息。"

孔融4岁便知道让梨，上让哥哥，下让弟弟，大家都很佩服他。之后，孔融让梨的故事就一直流传了下来，成了许多父母教育子女要懂得谦让的好例子。

好词解释

①融洽：感情好。

②津津有味：指吃得很有味道或谈得很有兴致。

精彩句段分析

《三字经》中的"融四岁，能让梨"就来自于这个故事。

《三字经》是我国的传统启蒙教材，相传为宋朝王应麟（一说为区适之）著。1928年章炳麟重订。三言韵语。在我国古代经典当中，《三字经》算是最浅显易懂的启蒙读本了。

阅读收获

孔融让梨的故事告诉我们：凡事都应该懂得谦让，懂得尊老爱幼，这是我们每个人从小都应该做到的，也是我们中华民族的传统美德之一。

读后问一问

你懂得以礼相让和一味忍让的区别吗？

曹 植

[192—232]
安徽亳州人

成就：三国时期曹魏著名文学家，建安文学的代表人物。其诗作对五言诗的发展有显著影响。

代表作：《洛神赋》《白马篇》等。

阅读关键词：才气

才高八斗的曹植

你知道"才高八斗"这个成语是怎么来的吗？南朝时期，有个名叫谢灵运的文学家说：天下才有一石，曹子建独占八斗，我得一斗，天下共分一斗。意为天下人的才华都不在他眼里，只有曹子建文才卓越，可使他由衷叹服。

曹子建又是谁呢？他就是曹植，字子建，曹操的儿子。曹植从小就开始学诗诵文，聪明伶俐，才思敏捷。其中著名的《七步诗》就是他写的："煮豆持作羹，漉菽以为汁。萁在釜下燃，豆在釜中泣。本自同根生，相煎何太急？"

据说，哥哥曹丕做了皇帝以后，对才华横溢的胞弟曹植一直心怀忌惮。有一次，曹丕命曹植在七步之内作诗一首，如做不到就处死，而曹植还没等他说完，就作出了《七步诗》。曹植在诗中既展示了自己非凡的才华，又用浅显生动的比喻说明兄弟本为手足，不应互相猜忌与怨恨。曹丕听后羞愧万分。

曹植 7 岁那年的中秋节，在赏月时，曹操问孩子们："你

们说我们眼前的月亮与外国比，谁近谁远？"大家都说当然是月亮远了。曹植却说："月亮近，外国远。因为月亮看得见，外国看不见。"曹操很高兴，觉得曹植的想法很独特。

第二年中秋，有外国使节^①来访。赏月时，曹操为了显示曹植的聪慧，就故意当众问他："月亮与外国比，谁近谁远？"曹植说："月亮远，外国近。"曹操惊讶："同一个月亮，你怎么去年说它近，今年又说它远？"曹植不慌不忙地答："月亮虽抬头望得见，但它可望而不可即^②，所以说它远；外国虽看不见，但可以跟我们互相往来，所以说它近。"客人们听后，连声称赞。一个孩子居然能有这么深刻的理解和巧妙的表达，连曹操也情不自禁^③地连连点头。

"才高八斗"的意思是形容人的文才高超，用在曹植身上再合适不过了。

好词解释

①使节：使者，常驻他国的外交官员，或派往国外办理事务的代表。

②可望而不可即：只能够望见而不能够接近，形容看上去可以实现而实际难以实现。

③情不自禁：感情激动得不能控制。

精彩句段分析

煮豆持作羹，漉菽以为汁。萁在釜下燃，豆在釜中泣。本自同根生，相煎何太急？

这首诗用同根而生的萁和豆来比喻同父共母的兄弟，用萁煮其豆来比喻同胞骨肉的哥哥曹丕陷害弟弟，表达了曹植对曹丕的强烈不满。

阅读收获

本文充分刻画了曹植聪明伶俐、才华横溢的一面，但我们不能只看到这一面，还要看到"曹植从小就开始学诗诵文"，所有的才华除了天赋，更多的是靠日积月累。

读后问一问

你还知道曹植的哪些文学作品呢？请写在下面吧。

左 思

[约 250—约 305]
山东淄博人

★ **成就：** 西晋著名文学家，所作《三都赋》被当时世人争相传抄，一时"洛阳纸贵"。

★ **代表作：**《三都赋》等。

阅读关键词：刻苦

坚持不懈的左思

你知道"洛阳纸贵"这个成语吗？它是指西晋都城洛阳之纸，因大家争相传抄左思的作品《三都赋》，以至于一时供不应求，货缺而贵。后来用来比喻作品为世人所器重，风行一时①，流传甚广。

那么，左思又是谁呢？左思，晋代文学家。

左思小时候是个非常顽皮、不爱读书的孩子。父亲经常为这事儿发脾气，可是左思仍然淘气得很，不肯好好学习。

有一天，父亲与朋友们聊天，朋友们羡慕他有一个聪明可爱的儿子。父亲叹气说："都快别提他了，小儿左思天天不好好学习，不思进取，看来没有多大出息了。"说着，脸上流露出失望的神色。这一切都被左思看到听到了，他非常难过，觉得自己不好好念书确实很没出息。于是，他暗暗下定决心，一定要刻苦学习。

日复一日，年复一年，左思渐渐长大了，由于他坚持不懈

地发奋读书,终于成了一位学识渊博②的人,文章也写得非常好。他用一年的时间写成了《齐都赋》,展示了自己在文学方面的才华,也为他成为杰出的文学家奠定了基础。这以后他又计划以三国时魏、蜀、吴首都的风土、人情、物产为内容,撰写《三都赋》。为了在内容、结构、语言等方面都达到一定水平,他潜心研究,精心撰写,废寝忘食③,用了整整十年,终于写就了文学名篇《三都赋》。

　　《三都赋》受到了好评,人们把它和汉代文学杰作《两都赋》相比。由于当时还没有印刷术,喜爱《三都赋》的人只能争相抄阅,因为抄写的人太多,京城洛阳的纸张供不应求,一时间全城纸价大幅度上升。所以才有了"洛阳纸贵"这个典故,用来称颂杰出的作品风行一时。

好词解释

　　①风行一时:像刮风一样流行。形容事物在一个时期内非常盛行。

　　②学识渊博:指学识深而且广。

　　③废寝忘食:顾不得睡觉和吃饭,形容非常专心努力。

精彩句段分析

　　为了在内容、结构、语言等方面都达到一定水平,他潜心研究,精心撰写,废寝忘食,用了整整十年,终于写就了文学名篇《三都赋》。

　　每部著作、每篇佳作都是来之不易的,都是需要作者付出心血与时间的。左思为了创作文学巨著《三都赋》更是花费了十年的时间。

阅读收获

左思的故事告诉我们：不管别人怎样看待我们，只要我们自己懂得勤奋与刻苦，最终都会取得不俗的成绩。

读后问一问

除了"洛阳纸贵"这个典故，你还知道有关左思的哪些典故？

骆宾王

[约638—?]
浙江义乌人

★ 成就：著名诗人，与王勃、杨炯、卢照邻合称"初唐四杰"。其诗以七言歌行见长。

★ 代表作：《咏鹅》《讨武曌檄》等。

阅读关键词：观察

七岁咏鹅骆宾王

"鹅，鹅，鹅，曲项向天歌。白毛浮绿水，红掌拨清波。"这首《咏鹅》诗你一定知道吧？它的作者就是唐代著名诗人骆宾王。

骆宾王年少才高，从小就才思敏捷，喜爱文学。他善于从一个天真活泼的孩子的角度去观察事物，抓住特征去描绘。他童年时创作的诗歌，天真率直，极富灵性，素来脍炙人口①。

7岁时，有一次骆宾王和小伙伴们在河边玩耍。玩着玩着，骆宾王站在原地不动了，他目不转睛地看着河里游来游去的鹅。小伙伴们都知道骆宾王喜欢鹅，所以都笑他不是呆若木鸡②，而是"呆若木鹅"了。

骆宾王听后并没有恼，仍然认真地看着那几只鹅：它们个个像绅士一样在河面上悠然自得③地游着。长长的脖子，雪白的羽毛，青如绿叶的水，红红的鹅掌慢慢地拨动着清亮的水波。更让他觉得有意思的是，一只鹅伸长脖子，脆亮地叫一声"鹅"，

紧接着其他的鹅也都对天歌唱起来。骆宾王看到这番景象，内心怦然一动，灵感来了，他捡起一根木棍儿，在地面上写了两个字：咏鹅。

小伙伴们见状，都纷纷围了过来，一边看鹅，一边看诗。待到骆宾王一个字一个字地把全诗写完，小伙伴们便一字一字地念诵起来："鹅，鹅，鹅，曲项向天歌。白毛浮绿水，红掌拨清波。"

由于这首诗生动活泼，读了让人仿佛可以听到孩子的唤鹅声、鹅儿们的引吭高歌声、欢快的戏水声，小伙伴们还没有跑到家就已经会背诵了。于是乎，这首诗一传十，十传百，一直传到今天。

好词解释

①脍炙人口：比喻好的诗文受到人们的称赞和传诵。

②呆若木鸡：呆得像木头鸡一样，形容因恐惧或惊讶而发愣的样子。

③悠然自得：形容悠闲而舒适。

精彩句段分析

鹅，鹅，鹅，曲项向天歌。白毛浮绿水，红掌拨清波。

骆宾王把在碧波中嬉戏、鸣叫的白鹅的那种活泼悠然的神态，活灵活现地呈现在读者面前，令人拍案叫绝。

阅读收获

每一首诗都有它背后的故事，这篇文章让我们知道了《咏鹅》一诗的来历。反复吟诵这首诗，我们眼前不仅会浮现出一

幅多彩的画面，而且仿佛还可以听到鹅儿们美妙的欢叫声，进而再次感受到了春天的盎然生机，感受到了乡村生活的宁静和甜美。

读后问一问

你知道鹅长什么样子吗？请反复吟诵《咏鹅》，画出鹅的样子来吧。

王 勃

[约 650—676]
山西河津人

★ 成就：与杨炯、卢照邻、骆宾王并称为"初唐四杰"，王勃为"初唐四杰"之首。其诗长于五律，其文多为骈体。

★ 代表作：《滕王阁序》。

阅读关键词：肯钻研

璀璨明珠王勃

王勃天生聪颖，悟性过人，是个名副其实①的神童。

王勃6岁就能写一手好文章；9岁时读颜师古的《汉书注》，便能指出书中的纰漏；10岁时竟能以一个月的时间通读"六经"而无一点障碍，连他的朋友、同样是神童出身的杨炯都认为他的学识是先天带来的。

有一天，弟兄几人王勔、王勮、王助、王颉、王劝的名字引起了王勃的深思，他问父亲为什么给他们取的名字里都要有个"力"字。父亲听了之后并没放在心上，反倒是问他的理解。

王勃想了很久也没有想出答案，就翻阅书籍查找资料，直到翻到《孟子》的那句"劳心者治人，劳力者治于人"的论述才算是找到了答案。于是他第一时间找到了父亲，说："我们的名字中都有个'力'字旁，其用意有二：一是君子劳心，小人劳力，你是要我们在任何时候，都要谦虚谨慎，想着那

些劳力的民众，不要一味以君子自居；二是要我们长大后忠心耿耿②地为国家效力。"父亲听完很是高兴，直夸王勃将来一定会是个有出息的孩子。

王勃不仅读书刻苦勤奋，而且兴趣十分广泛。父亲曾经教导他："人子不知医，古人以为不孝。"他便牢记心头，暗中到处查访良医，希望学一手好医道，做个孝子。

终于，在11岁那年，王勃遇到一位名叫曹元的著名医生，便虚心向其求教。从言谈中，王勃发现曹元不仅医术高超，医德也甚为世人称赞，于是拜其为师。此后，他便在曹元的指导下，用一年零三个月的时间，读完了《黄帝内经》《难经》等医学书籍，并掌握了个中精华。

也正是因为具备了这种好学、钻研的精神，年纪轻轻的王勃便写下了千古名篇《滕王阁序》，在中国文学史上留下了一颗璀璨②的明珠。

好词解释

①名副其实：名称或名声与实际情况相符合。也说名符其实。

②忠心耿耿：指非常忠诚。

③璀璨：形容光彩夺目。

精彩句段分析

你是要我们在任何时候，都要谦虚谨慎，想着那些劳力的民众，不要一味以君子自居；二是要我们长大后忠心耿耿地为国家效力。

一个名字寄寓了父母对孩子的深切期望，此句也表明了王勃的父亲对王勃等一众子女的深切期望：谦虚谨慎，忠心耿耿。

阅读收获

　　善于思考又肯钻研,对一个人的成长起着至关重要的作用。我们要向王勃学习,从小养成遇事勤思考、遇问题多钻研的好习惯,相信会受益终生的。

读后问一问

　　你知道《滕王阁序》里最有名的两句诗文是什么吗?

王　维

[701？—761]
山西永济人

★ 成就：精通诗、书、画、乐等，文人画的开创者，有"诗佛"之称。

★ 代表作：《相思》《山居秋暝》等。

阅读关键词：全才

全才王维

王维是一位早熟的诗人，少年时期就创作了不少优秀的诗篇。"独在异乡为异客，每逢佳节倍思亲。遥知兄弟登高处，遍插茱萸①少一人。"这首《九月九日忆山东兄弟》写出了游子的思乡怀亲之情。而写这首诗时，王维才17岁。

王维15岁进京赶考，虽说京城非常繁华，但对于已经离家在外的王维来说，除了学习，便是思念远在家乡的亲人和朋友。17岁这年的重阳节时，远在京城的王维又想起了之前每到这个节日，家乡的朋友们就会相约一起登上高山，身上插着茱萸，那番情景是多么快乐啊！可是如今，只有自己孤身一人远在京城。王维越想越觉得孤单，便提笔写下这首千古名诗，句句饱含浓浓的思乡之情。

作为唐诗当中的重要代表，王维的山水田园诗独成一家，在文学史上有着很高的地位。像王维这样一个少年天才，不仅仅在诗作上早早地崭露头角②，而且还精通书、画、乐等。去

京城应试，由于能写一手好诗，又工于书画，而且还有音乐天赋，所以少年王维很快就成了京城王公贵族的宠儿。

据说，有一次，一个人弄到一幅奏乐图，但不知如何题名。王维见后说："这是《霓裳羽衣曲》③的第三叠第一拍。"这人请来乐师照图中姿态、手法演奏，果然分毫不差，可见王维果真不负众望④，是少有的全才。

王维具有多种才艺，不同艺术相互渗透对其诗歌创作产生了深刻的影响，才使得他的作品传诵至今。

好词解释

①茱萸：一种常绿带香的植物，具备杀虫消毒、驱寒祛风的功能。佩茱萸，中国岁时风俗之一。在九月九日重阳节时爬山登高，臂上系有插着茱萸的布袋。

②崭露头角：比喻突出地显露出才能和本领（多指青少年）。

③《霓裳羽衣曲》：即《霓裳羽衣舞》，唐代宫廷乐舞。

④不负众望：负，辜负。不辜负大家的期望。

精彩句段分析

独在异乡为异客，每逢佳节倍思亲。遥知兄弟登高处，遍插茱萸少一人。

此诗写出了游子的思乡怀亲之情。诗一开头便紧切题目，写出了异乡生活的孤独凄然，因而时时怀乡思人，遇到佳节良辰，思念倍增。

阅读收获

任何一个人声名显赫，都不是靠运气而成的。王维精通诗、

书、画、乐等，这些都为他的诗歌创作带来了不小的影响，而不管是书、画，还是乐，任何一样都不是生来就会的，再全才的人也是靠一点点积累而最终成才的。

你有什么才能？你还想让自己拥有什么才能呢？

李白

[701—762]
甘肃静宁人

⭐ **成就**：唐代伟大的浪漫主义诗人，是屈原以来积极浪漫主义的新高峰，被后人誉为"诗仙"。

⭐ **代表作**：《行路难》《蜀道难》《将进酒》《梦游天姥吟留别》等。

阅读关键词：恒心

李白恒心不移

"只要功夫深，铁杵磨成针①。"你知道这个典故是从哪儿来的吗？这是与唐代大诗人李白有关的一个故事。

李白幼年读的是经书、史书，对他来说，内容都显得过于深奥，他一时读不懂，便觉枯燥无味，于是他丢下书，逃学出去玩了。

李白一边闲逛，一边东张西望②，不多时，看见一位老奶奶蹲在河边，手里拿着一根粗大的铁棒子，正在磨刀石上一下一下地磨着，神情专注，以至于李白在她跟前蹲下她都没有察觉。

李白不知道老奶奶在做什么，就好奇地问："老奶奶，您这是在做什么呀？"老奶奶说："磨针。"

"磨针？"李白一时不明白，老奶奶手里磨着的明明是一根粗铁棒，怎么是针呢？李白忍不住又问："针是非常非常细小的，而您磨的是一根粗大的铁棒呀！"老奶奶边磨边说："我

正是要把这根粗铁棒磨成细小的针。"

"什么？这么粗大的铁棒能磨成针吗？"李白实在有些想不通。老奶奶说："没错，铁棒子又粗又大，要把它磨成针是很困难的，可是我每天不停地磨呀磨，总有一天，我会把它磨成针的。孩子，只要功夫下得深，铁棒也能磨成针呀！"

李白是个悟性很高的孩子，听了老奶奶的话，他一下子明白了很多，心想：对呀！做事情只要有恒心，天天坚持去做，什么事都能做成功。读书也是这样，虽然有不懂的地方，但只要坚持多读，天天读，总会读懂的。

想到这里，李白深感惭愧，拔腿便往家跑，重新回到书房，翻开原来读不懂的书，继续读起来。日复一日，坚持不懈③，最终成为世人眼中的"诗仙"。

好词解释

①只要功夫深，铁杵磨成针：比喻只要有决心，肯下功夫，再难的事也能有成功的那一天。

②东张西望：张，看。形容这里那里到处看。

③坚持不懈：坚持到底，一刻也不松懈。

精彩句段分析

做事情只要有恒心，天天坚持去做，什么事都能做成功。

这句话准确地解释了"持之以恒"这个成语，意为长久地坚持下去，终能做成。

阅读收获

此文告诉我们：不管是读书还是做其他任何事，只要肯坚

持下去，只要肯下功夫，不放弃，不气馁，最终都会达成目标，有所收获。

读后问一问

每天读点书这件事你坚持了吗？你打算以后怎么做？

杜 甫

[712—770]
河南巩义人

★成就：唐代伟大的现实主义诗人，被后人称为"诗圣"，其诗作被称为"诗史"，对后世历代诗歌创作产生巨大影响。

★代表作：《春望》《北征》《客至》《望岳》等。

阅读关键词：观察

杜甫观舞剑写诗

"读书破万卷，下笔如有神。"这是唐代大诗人杜甫的名句。这两句诗的意思是说，博览群书①，把书读透，这样落实到笔下，运用起来就会得心应手②。

可杜甫小时候很是贪玩，他老年时在回忆少年的诗歌里写过："庭前八月梨枣熟，一日上树能千回。"可见小杜甫有多么坐不住。

后来在家人严格的管教下，杜甫才改掉了贪玩的毛病，从此开始发奋苦读。没想到，杜甫记忆力超群，很快就背会了很多首诗，对诗歌也有了自己的理解。

有一次，父亲教杜甫背一首诗，诗中含有"凤凰"二字。杜甫好奇凤凰是什么，父亲解释：凤凰是古代神话传说中的鸟王，雄鸟称为凤，雌鸟称为凰，它们从不与其他普通鸟类生活在一起，寓意高洁。杜甫听完，将父亲的话和"凤凰"

二字深深地记在了脑海里，并暗暗立志要做一个像凤凰一样出类拔萃③的人。

7岁那年，杜甫在街上看到公孙大娘在舞剑，感觉公孙大娘的动作就像一只凤凰在蓝天下展翅飞翔，当时就震惊了，看了又看，回来还试着写了一首《咏凤凰》："金丝银缕布全身，展翅高飞不恋尘。烈火焚身浑不惧，涅槃而出获永生。"这是杜甫的处女作。

从此，杜甫与凤凰结下了不解之缘。他的一生留下了许多千古绝唱④，其中有六七十处写到凤凰。他这"七龄思即壮，开口咏凤凰"的"指物立就⑤"的写作才华，奠定了他后面的文学基础，也是他漫长的诗歌创作之路开始的第一步，最终成就了他"诗圣"的美誉。

好词解释

①博览群书：广泛阅读众多书籍。

②得心应手：心里怎么想，手就能怎么做，形容运用自如。

③出类拔萃：形容超出同类。

④千古绝唱：指从来少有的绝妙佳作。

⑤指物立就：语出宋朝王安石的《伤仲永》："自是指物作诗立就，其文理皆有可观者。"意为指定物品让他作诗，他能立即完成。

精彩句段分析

七龄思即壮，开口咏凤凰。

7岁时就情思豪壮，开始写诗就讴歌具有凤凰品质的品德高尚的人。

阅读收获

　　杜甫通过观察舞剑，产生联想继而学写诗的故事告诉我们：读书不应该只是死记硬背，更要多多观察，多多思考，才能留下更深刻的印记，带来更深刻的体悟。

读后问一问

　　你读过杜甫的哪些诗？你认为杜甫是个什么样的人？

白居易

[772—846]

出生地：河南新郑

★ 成就：唐代伟大的现实主义诗人，唐代三大诗人之一，有"诗魔"和"诗王"之称。在文学上积极倡导新乐府运动，主张"文章合为时而著，歌诗合为事而作"。

★ 代表作：《长恨歌》《卖炭翁》《琵琶行》等。

阅读关键词：好学

"不易"的白居易

白居易是唐代诗歌作品留存最多的诗人，他的诗明白晓畅①，通俗易懂。白居易在诗歌创作上取得如此巨大的成就，和他的勤奋好学是分不开的。

白居易的家庭，既是官宦之家，又是书香门第。所以，白居易从小就深受好学家风的影响，从刚会说话开始，母亲就教他读书识字了。他本身又非常聪明，很有天分，一教就会。五六岁时，白居易不但能通读《诗经》《汉赋》，而且写起诗来，还能一字一字推敲，一写就是一天。天分加勤奋，使白居易十几岁就在家乡小有名气。

16岁那年，白居易到京城长安参加科举考试。当时一位比较有影响力的诗人名叫顾况，很多学子都带着自己的诗作去向他请教。为了能得到顾况的指点，白居易也拿着自己的诗作前去拜访。

　　白居易刚一进门，顾况见来人是个乳臭未干②的年轻人，心里便有些轻慢。当他看到诗卷上署名"白居易"时，更觉得可笑，便说："长安米贵，'居'大不'易'啊！你还是快回乡下去吧！"听了这句带有嘲弄意味的话，白居易并没有急着去辩解。

　　接着，顾况打开诗卷，映入眼帘的是一首《赋得古原草送别》："离离原上草，一岁一枯荣。野火烧不尽，春风吹又生……"读完全诗，顾况不禁拍案叫绝："好诗！通过对古原上野草的描绘，抒发了送别友人时的依依惜别之情，真正达到了情景交融，实在是韵味无穷。"他一改刚才轻慢的态度，郑重地对白居易说，"你能写出这么好的诗，别说长安，就算整个天下，'居'又何难！"

　　从此，白居易名动京师，他的那首得到顾况称赞的《赋得古原草送别》，更是被千古传诵。

好词解释

　　①明白晓畅：形容非常明白清楚，容易理解。
　　②乳臭未干：身上的奶腥气还没有褪尽。对年轻人表示轻蔑的说法。

精彩句段分析

　　离离原上草，一岁一枯荣。野火烧不尽，春风吹又生……
　　此诗后半部分是："远芳侵古道，晴翠接荒城。又送王孙去，萋萋满别情。"唐人的咏物诗，往往在最后一句才能见到作者的本意。该诗通篇似乎都在写草，实则是借草取喻，以草木之茂盛显示友人之间依依惜别时的绵绵情谊。

阅读收获

"看似容易，实则不易"，不管是白居易本人，还是白居易的诗，都有力地证实了这句话。很多事看着容易，真正去做的时候，才发现其实并不容易。没有人能随随便便成功，想要成功都是要经历千锤百炼的。

读后问一问

你还知道白居易的哪些名诗名句呢？请写在下面吧。

晏　殊

[991—1055]
江西南昌人

★ 成就：以词著称于文坛，与其子晏几道，被称为"大晏"和"小晏"，又与欧阳修并称"晏欧"。
★ 代表作：《珠玉词》等。

阅读关键词：诚实

诚实的晏殊

以词著称于文坛的晏殊，小时候因过人的聪明才智，被人们称为"神童"。

晏殊 13 岁那年，朝中大臣张知白把他推荐给真宗皇帝。恰巧，真宗皇帝正在主持进士殿试，为了考查晏殊的才能，就让他跟全国考生一道参加进士考试。

在唐宋时期，要想获得进士参考资格，是要通过层层筛选的，就像从万吨矿砂里筛选出金子那样，是很不容易的。真宗皇帝竟把这样的机会轻易地赐给了年少的晏殊。

说来也是凑巧，当试题揭晓之后，晏殊发现，自己在十多天前竟无意中就这个题目作过一篇赋。既然有了模板，只要稍加润色①，准可以交出漂亮的答卷，赢得一片光明的发展前途。

照一般人看来，这真是"天作之美"！可是，晏殊偏偏不这样看。他觉得，这是一种投机取巧②的行为，这对其他考生来说太不公平。于是他对真宗皇帝实话实说："我在十几天前

已经做过这篇文章,文稿还在这里,请皇上另外给我出个题目吧!"

这种只追求公平正义,毫不考虑个人利益的做法,这样实话实说的诚实态度,在当时年少的晏殊身上实属难得。德才兼备③又年纪尚小的晏殊,让真宗皇帝打心眼儿里喜爱。真宗皇帝马上赐给他同进士出身,并委以官职。

后来,晏殊不但成为北宋初期的政坛风云人物,也成了声名显赫④的文学家。

好词解释

①润色:修饰文字,使有文采。

②投机取巧:利用时机和巧妙的手段谋取个人私利,也指不愿下苦功夫,凭小聪明侥幸取得成功。

③德才兼备:指同时具有优秀的品德和才能。

④声名显赫:形容名声盛大。

精彩句段分析

在唐宋时期,要想获得进士参考资格,是要通过层层筛选的,就像从万吨矿砂里筛选出金子那样,是很不容易的。真宗皇帝竟把这样的机会轻易地赐给了年少的晏殊。

此句运用比喻的修辞手法,形象地表达出当时获取进士参考资格就如同从万吨矿砂中淘金子那样不容易,烘托出晏殊的确有过人才能。

阅读收获

本文讲述了年少的晏殊面对展示自己才学的大好机会,诚

实地向皇帝说明自己已经做过这个题目，请求换题公平竞争。

这启示我们：仅有优秀成绩是不够的，品德修养同样是检验人才的标准。

读后问一问

你是个诚实的孩子吗？你还知道哪些有关诚实的小故事？

欧阳修

[1007—1072]

江西永丰人

★ 成就：宋代文学史上开创一代文风的文坛领袖。与韩愈、柳宗元、苏轼、苏洵、苏辙、王安石、曾巩一起被世人称为"唐宋八大家"。

★ 代表作：《醉翁亭记》《丰乐亭记》等。

阅读关键词：好学

画荻教子欧阳修

欧阳修是宋代文学史上开创一代文风的文坛领袖，可早年的他却遭受了很多苦难。

欧阳修4岁时，父亲就去世了。家里生活非常困难，欧阳修和母亲相依为命。眼看欧阳修就要到上学的年龄了，母亲一心想让儿子读书，可又买不起纸笔，心里非常着急。

有一天，母亲在河边洗衣服，看到风把沙滩上的芦苇吹得东零西落，折断的芦苇秆把平整的沙地划出许多沟沟壑壑，似字非字，这对她启发很大。

于是，她从河滩上捞取一些细沙，折来几根芦苇秆带回家，把细沙装进一个大盘里抹平，就用沙盘当纸，用芦苇秆作笔，手把手地教儿子写起字来。

欧阳修就这样在沙盘上跟母亲一笔一画地学写字，认认真真地学，反反复复地练，每一个字都要写好记熟才肯罢休。这

就是被后人传为佳话的"画荻教子"的故事。

除了教欧阳修写字，母亲还教他诵读许多古人的篇章。到他年龄大点儿了，家里没有书可读，母亲便就近到读书人家去借书让欧阳修来读，让他把感觉好的都抄写下来。就这样在母亲的教育下，聪慧过人的欧阳修夜以继日①、废寝忘食，才学在同龄的孩子中无人能及②。

这一勤勉好学的习惯影响了欧阳修的一生，后来他倡导的"计字日诵"读书法，也是根据自己的读书经验归纳而成的。他曾经精选了《孝经》《论语》《诗经》等10部书的内容，总字数为455865个，然后规定：每天熟读300字，用3年半时间全部熟读完毕；每天背诵150字，只要7年时间就背熟了。

欧阳修说过："虽书卷浩繁，第能加日积之功，何患不至？"的确，这样日积月累，一部部的书籍就被他背熟了。也正是这种好学的优秀品质，成就了欧阳修在文坛中不可取代的地位。

好词解释

①夜以继日：晚上连着白天，形容加紧工作或学习。

②无人能及：没有人能赶得上，形容在某方面特别出众。

精彩句段分析

虽书卷浩繁，第能加日积之功，何患不至？

虽然书籍很多或一部书的部头很大，但若是有日积月累的勤勉、好学及攻读，何愁达不到水到渠成的最佳效果呢？

阅读收获

　　"画荻教子"的故事告诉我们：一个人想要有所作为，和家境并没有太大关系，只要认真刻苦、勤奋好学、坚持读书，终是能够成就一番事业的。

读后问一问

　　你学会用"计字日诵"这一读书方法读书了吗？你还有什么好的读书方法呢？

王安石

[1021—1086]
江西南昌人

★ 成就：王安石变法，使大宋王朝一度出现了"国富兵强"的盛景；文学上具有突出成就，名列"唐宋八大家"之一。

★ 代表作：《临川先生文集》《王文公文集》等。

阅读关键词：锲而不舍

妙笔生花王安石

　　北宋文学家王安石自幼勤奋好学，博览群书，曾挑着书箱行李，到宜黄鹿冈书院求学。在名师杜子野先生的指导下，他常常苦读到深更半夜。

　　有一天，王安石翻阅资料时，看到了李白梦见自己所用的笔头上长出了一朵美丽的花，因此名篇佳句便源源而出，一发而不可收的故事。王安石将信将疑①，便拿着书去问杜先生："难道世间真的有'生花笔'？"

　　先生为了激励王安石，便说："当然有啊！不过有的笔头会长花，有的笔头不会长，只是我们的肉眼难以分辨罢了。"

　　小小年纪的王安石对先生的话当然信以为真，就问先生能否给他一支"生花笔"。于是，先生拿来一大捆毛笔，对王安石说："这里有999支毛笔，其中只有一支是'生花笔'。究竟是哪一支，连我也辨不清楚。你只有用每支笔去写文章，

写秃一支再换一支，这样一直写下去，就一定能从中找到'生花笔'。"

从此，王安石按照先生的指引，每日苦读诗书，勤练文章。可是足足写秃了500支毛笔，写出来的文章仍然一般，也就是说还没有从中找到"生花笔"。他有些泄气，就又去问先生："我怎么还没有找到那支生花的笔呢？"先生没有说什么，饱蘸墨汁，挥笔写了"锲而不舍②"四个大字送给他。

又过了很久，王安石终于把先生送给他的998支毛笔都写秃了，仅剩一支。一天深夜，他提起第999支毛笔写下两个字：策论。突然，他觉得文思如泉涌，行笔如云③，一篇颇有见地的《策论》一挥而就。他高兴得跳了起来，大声喊："找到了，我找到'生花笔'了！"

从此，王安石用这支"生花笔"写字习文，接着乡试、会试连连及第，之后又用这支笔写了许多改革时弊、安邦治国的好文章。最终，他不仅成为能治世安邦的大政治家，还名列文学史上著名的"唐宋八大家"。

好词解释

①将信将疑：有些相信，又有些怀疑。

②锲而不舍：不断地镂刻。比喻有恒心，有毅力。

③行笔如云：拿起笔写字，笔锋如天上的云彩，挥洒自如。

精彩句段分析

你只有用每支笔去写文章，写秃一支再换一支，这样一直写下去，就一定能从中找到"生花笔"。

杜子野先生所说的这句话，其实是委婉而巧妙地告诉了王安石找"生花笔"的方法，那就是要勤勉刻苦，锲而不舍。
实在是教导有方。

阅读收获

杜子野先生巧妙地让王安石通过找"生花笔"这件事明
白了一个道理：若想有成就，必须付出努力，且要有恒心，
有毅力，坚持才能有奇迹。

读后问一问

你找到自己的"生花笔"了吗？你是不是也可以尝试一
下王安石找"生花笔"的方法呢？

苏 轼

[1037—1101]
四川眉山人

成就：北宋著名文学家、书法家、画家，宋代文学最高成就的代表，"唐宋八大家"之一。

代表作：《赤壁赋》《念奴娇·赤壁怀古》等。

阅读关键词：从容大气

苏轼爱砚成痴

苏轼从小生活在四川眉山，眉山不但景色秀丽，而且多奇峰怪石。

12岁那年的一天，苏轼和小伙伴们正在自家后院玩挖土的游戏，没想到，挖着挖着竟然挖出了一块奇异的石头。大家围在一起，争相观看。只见这块石头有着晶莹的光泽、精美的条纹，敲击时还能发出清脆的金属声响。大家对这块石头都非常感兴趣。

小伙伴们纷纷出主意，有的想用石头做件首饰，有的想把石头做成装饰品，只见苏轼把石头放在手里看了又看，又敲打了几下，说："这块石头质地疏松，容易吸收水分，保持潮湿，还是用来做砚台①比较好。"

父亲知道了这件事，又细看了这块石头，觉得儿子能想着把石头做成砚台，非常好，直称此石"是天砚也"，便找人将石头凿磨成了砚台交给儿子，并交代他要好好爱护。

父亲告诉苏轼，砚台虽小，但不可小看，在古籍中曾有词赞赏砚台："其体重而轻，质刚而柔，磨之寂寂无纤响[2]，按之若小儿肌肤温润嫩而不滑，秀而多姿。"苏轼十分珍爱这块砚台，用其磨墨，写起毛笔字来觉得很爽心，所以他常常将书法家王羲之、颜真卿、柳公权等人的碑帖手迹抄了一遍又一遍，并博采众长，最终形成了自己的书法风格，这就是后来人们说的"苏体"。

苏轼一生爱砚如痴，用砚研墨，勤奋习文。他认为做人如砚，曾在一砚台背面题砚铭："千夫挽绠，百夫运斤，篝火下缒[3]，以出斯珍，一嘘而液，岁久愈新，谁其似之，我怀斯人。"另有一处砚铭为："其色温润，其制古朴，何以致之，石渠秘阁，永宜宝之，书香是托。"不仅大加赞赏坚实细润的砚台，而且对开采打磨砚石的人也心疼有加。

也正是因为苏轼看中的是砚台温柔、从容的气度和娴静、包容的品格，这种气度与品格又极大影响着他治学的态度，最终才使他如此多才多艺，不管是诗、词、散文，还是书、画，都能够独具特色，对后世影响深远。

①砚台：砚与笔、墨、纸合称中国传统的"文房四宝"，是中国书法的必备用具之一。

②纤响：细微的响动。纤，细小，微小。

③篝火下缒：点着火把，用绳子拴住石头从山上往山下送。

精彩句段分析

其体重而轻，质刚而柔，磨之寂寂无纤响，按之若小儿肌肤温润嫩而不滑，秀而多姿。

此句分别从视觉（秀而多姿）、听觉（寂寂无纤响）、触觉（若小儿肌肤温润嫩而不滑）多种角度对砚台进行了赞赏。

阅读收获

本文虽然讲苏轼喜爱砚台，但更多说的是砚台对苏轼的影响——砚台助他习字，教他做人。读完本文，我们懂得：砚台虽小，但不可小看。

读后问一问

你对笔墨纸砚的了解有多少？与大家分享一下吧。

李清照

[1084—约1155]
山东章丘人

★ 成就：宋代女词人，婉约词派代表，有"千古第一才女"之称。
★ 代表作：《如梦令》《武陵春》《声声慢》《醉花阴》等。

阅读关键词：纯真之心

少女情怀李清照

宋代女词人李清照出生于书香门第，从小受父母的影响，琴棋书画样样精通，尤其擅长填词。

李清照10岁左右开始学习写诗填词。她在写诗词的时候，总要反复修改，反复品味，直到自己满意了，才肯拿给父母品评。

一天傍晚，李清照在闺房中看到竹帘外细雨如丝，洁白的梨花纷纷落地，便触景生情①，按照《浣溪沙》的词牌结构填了一首词。随后她又双手抚琴，让琴弦发出幽怨②的曲调，而她随口吟唱的正是自己刚填好的词。

此时正值父亲和几个友人在家高谈阔论③，听到传来的吟唱和琴音如此清丽动听，大家都停止了谈话，聚精会神地聆听起来。曲毕，众人纷纷称赞。

还有一次，父亲在家中宴请一些文人学士，席间拿出李

清照刚写好的词《如梦令》请大家评论。有位客人接过词稿大声吟诵起来："昨夜雨疏风骤，浓睡不消残酒。试问卷帘人，却道海棠依旧。知否？知否？应是绿肥红瘦④。"话音刚落，赞扬声四起："意境优美，词句清丽，实在是难得的佳作啊！"这些鼓励与赞赏都给了李清照莫大的鼓励。

　　就连出去玩，李清照也会有感而发，并由此写下了千古名句："常记溪亭日暮，沉醉不知归路。兴尽晚回舟，误入藕花深处。争渡，争渡，惊起一滩鸥鹭。"寥寥数语，却是句句有深意，凸现了她的少女情怀及内心深处的一番纯洁天真，读之令人回味无穷。

　　少女情怀总是诗。家庭环境的影响，文学艺术的濡养，让李清照过早地拥有了一颗诗心，这也为她日后成为"千古第一才女"奠定了坚实的基础。

好词解释

　　①触景生情：指看到眼前景象，引发感情。

　　②幽怨：指凝结在心中的忧愁。

　　③高谈阔论：自由无约束地高声发表言论。

　　④绿肥红瘦：绿叶繁茂，花渐凋谢。指暮春时节春残的景象。

精彩句段分析

　　一天傍晚，李清照在闺房中看到竹帘外细雨如丝，洁白的梨花纷纷落地，便触景生情，按照《浣溪沙》的词牌结构填了一首词。

　　李清照年幼时期就极具才情，对景物有着深刻的感知，梨花在雨中飘落的场景令她伤感，便填词作曲来表达，可见她从小就才气十足。

阅读收获

本文描述了李清照自幼便极具诗词创作天赋，才华过人。正是家庭的熏陶与培养，成就了她出众的文学才华。李清照的一生并不是一帆风顺的，但她留下的文学作品却依然感动着无数人。

读后问一问

你觉得自己具备的才华是什么？关键时刻有没有在亲友面前露一手呢？

陆　游

[1125—1210]
浙江绍兴人

★ 成就：南宋著名文学家、史学家、爱国主义诗人。一生创作诗歌很多，今存九千多首。

★ 代表作：《示儿》《游山西村》《钗头凤》《十一月四日风雨大作》等。

阅读关键词：家国情怀

陆游的家国情怀

　　爱国诗人陆游是名门之后，本该有着惬意的成长环境，却因为北宋的灭亡，母亲生他时就在逃难的船上。

　　陆游来到世上，睁开眼看到的就是破碎的山河。所以他的一生，也注定将在颠沛流离①中度过。庆幸的是这种动荡倒成就了陆游这位不朽的爱国诗人。

　　"儿时万死避胡兵"，这是陆游对自己童年时期的记忆。更让陆游不能忘记的，是父辈们对国家衰败、山河破碎的痛心之情。陆游幼年时，看到父亲和朋友聚谈，每每谈到国家危亡之事，"或裂眦嚼齿，或流涕痛哭，人人自期以杀身翊戴②王室，虽丑裔方张，视之蔑如③也"。直到陆游成年，父辈们重整河山的急切心情和爱国情怀还一直感染着他。

　　陆游自幼好学不倦，自称"我生学语即耽书，万卷纵横眼欲枯"。祖国山河，四分五裂，流离转徙，困苦万状，并不能阻挡陆游强烈的求知欲。他一边从前辈的诗作中汲取营养，一边在自己的诗作中表达自己"扫胡尘""清中原"的壮志豪情。

陆游一生笔耕不辍④，诗词文方面都有很高成就，特别是饱含爱国热情的诗作对后世影响深远。

好词解释

①颠沛流离：由于灾荒或战乱而流转离散。形容生活艰难，四处流浪。

②翊戴：辅佐拥戴。翊，辅佐，帮助。

③虽丑裔方张，视之蔑如：这些外族虽然强大，但在（我们）眼中，却没什么了不起的。丑裔，古代对少数民族或其所居地区的蔑称。

④笔耕不辍：从未中断写作。

精彩句段分析

我生学语即耽书，万卷纵横眼欲枯。

此句意为：我能说话的时候就开始看书，读书破万卷把眼睛都看枯了。可见陆游读书极其用功。但此诗还有下半句："莫道终身作鱼蠹，尔来书外有工夫。"意为：不要觉得自己一辈子做一个书虫就可以了，其实真正的本事还应该来自于书本之外。

阅读收获

促成陆游有如此成就的，不只是书本知识的学习，还有书本之外的社会生活磨炼。虽然经历了战乱与流离，但陆游并没有因此而消沉，而是刻苦读书、习文，将自己的爱国情怀融合在诗作里，终成为不朽的爱国诗人。

读后问一问

你有哪些具体的爱国表现？

文天祥

[1236—1283]
江西吉安人

★ 成就：爱国诗人，抗元名臣，与陆秀夫、张世杰并称为"宋末三杰"。

★ 代表作：《文山先生全集》《正气歌》等。

阅读关键词：良好家教

如竹做人文天祥

文天祥曾写下了"人生自古谁无死，留取丹心照汗青"的不朽名句，他的《正气歌》也被传唱不衰①。他的优秀品格来自哪里？这跟他从小受的家庭教育有着很大的关系。

文天祥出生在书香门第，他的父母都是有才德有声望的人，这使他从小就受到了良好的教育。

文天祥小的时候，父亲教他读书，总是喜欢在功课之外给他讲一些做人的道理，这些道理让他受益匪浅。

一天，父亲和他正在书房读书，一阵凉风吹来，窗外的竹叶发出一阵阵细微的声响。父亲喜欢竹子，所以家里种了好多。文天祥看着窗外的翠竹，不禁问道："父亲，您为什么这样喜欢竹子？"

父亲拉着他走到窗前，指着窗外亭亭玉立②、硬朗有节的绿竹对他说："你想想看，竹子刚刚出土仅是竹笋时就已经有节了，就像人从小就要有节操；而竹子长到了凌云的高

度，竹竿里还是空心的，就像很多人在取得了非凡的成就后依然很虚心一样；竹叶也不像别的树叶那样天气寒冷就会凋落，现在即使是冬天竹叶依然是翠绿的，它有一种坚强不屈的品格。竹子本身也是，你可以将它折断，但不能让它一直弯曲地存在着，就像人一样宁折不变。所以说，竹子本身的构造很有寓意，象征着人的一些美好品质，做人也要这样才行啊！"

文天祥听得入了神，也从心底萌发了对竹子的喜爱之情。还将"如竹做人"之类的话写成字幅，并当成座右铭贴在床头、挂在书桌前，以警示自己。

从小就受到这样教育的文天祥暗下决心："将来，我不但要为国家做事，成就一番事业，还要做一个顶天立地的大丈夫，不屈不挠。"从此，他读书更用功了，决心要像竹子一样，做优秀且对社会有用的人。

后来的文天祥，以自己的实际行动回报了给他良好教育的父母，也最终成了让世人千古敬仰的人物。

好词解释

①传唱不衰：一直被传诵歌唱。

②亭亭玉立：形容美女身材修长或花木等形体挺拔。

精彩句段分析

你想想看，竹子刚刚出土仅是竹笋时就已经有节了，就像人从小就要有节操；而竹子长到了凌云的高度，竹竿里还是空心的，就像很多人在取得了非凡的成就后依然很虚心一样；竹叶也不像别的树叶那样天气寒冷就会凋落，现在即使是冬天竹叶依然是翠绿的，它有一种坚强不屈的品格。竹子本身也是，你可以将它折断，但不能让它一直弯曲地存在着，就像人一样宁折不变。所以说，竹子本身的构造很有寓意，象征着人的一些美好品质，做人也要这样才行啊！

父亲用浅显易懂的语言，借用竹子，向文天祥讲述了要像竹子一样做人的道理。

阅读收获

一个人的成长离不开家庭教育。因为，孩子成长过程中的大部分时间，其实都是在家庭中度过的，所以家长对孩子的影响很关键。文天祥最终能成为让世人敬仰的人物，充分证明了家庭的良好教育在一个人的成长过程中起着至关重要的作用。

读后问一问

你的爸爸妈妈都给了你哪些方面的良好教育呢？请一一写下来吧。

宋 濂

[1310—1381]
浙江浦江人

★ 成就："明初诗文三大家"之一，被明太祖朱元璋誉为"开国文臣之首"。主修《元史》。

★ 代表作：《送东阳马生序》《朱元璋奉天讨元北伐檄文》等。

阅读关键词：勤学好问

勤学好问的宋濂

宋濂是明朝初年十分有名的大文学家，一生致力于文学研究，这与他小时候看了不少书又勤学好问的成长经历有着密不可分的关系。

宋濂自幼多病，且家境贫寒，但他聪敏好学，特别喜欢读书。家里没钱买书，他就向人借书看。每次借书，他都讲好期限，按时还书，从不违约，于是大家也都乐意把书借给他读。

一次，宋濂借到一本书，越读越爱不释手，便决定把它抄下来。可是还书的期限快到了，他只好连夜抄书。正是寒冬腊月，他冻得除了手全身都快僵硬了。母亲心疼他，劝他不要抄了，晚两天再还也没事儿。他却告诉母亲，到期限就要还，这是信用问题，也是对别人的尊重。

宋濂有一个好习惯，因为书不是自己的，除了连夜抄书，

他对书的保护也特别用心，每一本借来的书他都用纸张包好，以免弄脏。有借有还，又爱惜书，别人当然愿意把书借给他了。就这样，宋濂在家里没有书的境况下仍然读了很多的书。

除了看书，宋濂还懂得多学多问。因为家境清贫，他不能和同龄人一样受到应有的教育，他要徒步好久来到外村的私塾①上课学习，请教老师。因为想要听到更博学的老师授课，宋濂往往会不远千里到老师家中请教。不管天气多么恶劣，路途多么遥远，宋濂为获得知识，都会不畏艰难困苦，多次拜访老师。

勤学好问让宋濂在求学路上收获的比别人多，也为后来他成为闻名遐迩②的大文学家打下了坚实的基础。

好词解释

①私塾：我国古代社会一种开设于家庭、宗族或乡村内部的民间幼儿教育机构。

②闻名遐迩：形容名声很大，远近闻名。

精彩句段分析

他却告诉母亲，到期限就要还，这是信用问题，也是对别人的尊重。

恪守信用是为人之本。宋濂一句简短的话证实了他是如何做人的。小小年纪的宋濂懂得，尊重他人是一种高尚的美德，是个人内在修养的外在表现，尊重别人也是尊重自己。

阅读收获

本文讲述了家境贫寒的宋濂，年少时为饱读诗书而向富

贵人家借书看和向老师不断请教的故事，他用自己的勤奋好学和诚信守约打动别人，从而有源源不断的书籍供他学习。宋濂优于常人的勤奋及品格是他成为大文学家的关键，而这也告诉我们：恪守诚信、勤奋好学是一个人走向成功的法宝。

读后问一问

你是一个勤学好问的人吗？宋濂借书、爱书的故事有没有让你获得什么启示呢？

吴承恩

[约1500—约1582]
江苏淮安人

★ 成就：明代小说家，所著《西游记》是我国四大古典名著之一。

★ 代表作：《西游记》《射阳先生存稿》等。

阅读关键词：勤学苦练

勤学苦练的吴承恩

　　我国四大古典名著之一《西游记》的作者吴承恩，自幼聪慧，喜欢读稗官野史①、志怪小说。

　　传说吴承恩"生有异质"，幼年时，就会在墙壁上用粉土画画。一次，邻居让他画一只鹅，他就画了一只在天上飞的鹅。邻居问他："鹅怎么会飞呢？"他天真地说："这是天鹅。"因此，吴承恩从小就被认为"不师而能"。

　　吴承恩还爱阅读"六经"及诸子百家的书籍，小小年纪就被称作"小学士"。他读书范围很广，除典籍外，对在市井之间流传的志怪神异"杂书"也非常喜爱。他尤其喜欢听奇闻逸事，随着年龄的增长，这方面的兴趣越来越浓。当地流传的许多历史故事和传说，都成为吴承恩后来创作《西游记》的素材积累。

　　其实，吴承恩小时候家里非常穷，常常连买纸张的钱都挤不出来。

吴承恩的父亲是个读书人，为了教孩子读书写字，没少花费心血。有一天，父亲从湖边经过，发现一堆被拔掉的蒲根，便拾了一些带回家，洗净、晒干，然后把它剥开、铺平，让儿子在上面写字。竟然要在蒲根上写字，年少的吴承恩显得很不情愿。

父亲见吴承恩总是不愿动笔，并不气恼，只是语重心长②地对他说："你还记得有关宋代文学家欧阳修的'画荻教子'的故事吗？因为没钱买笔墨，欧阳修的母亲就叫他用芦苇秆在沙土上写字。还有抗金英雄岳飞，小时候也是用树枝在沙上练字……"

父亲的这番话深深触动了吴承恩，他当即惭愧地承认了错误。从此，他一有空就到湖边抱回一堆蒲根，然后在根片上一笔一画地写啊写啊，不知不觉，用过的蒲根就堆了一人多高。

俗话说：功夫不负有心人。吴承恩通过勤学苦练，不但把字练得超群出众，而且练出了一手人人叹服的好文章。成年之后，他便以自己积累的素材及才学，成功创作出了妇孺皆知的不朽名著《西游记》！

好词解释

①稗官野史：指旧时的小说和私人编撰的史书。

②语重心长：言辞诚恳，情意深长。

精彩句段分析

你还记得有关宋代文学家欧阳修的"画荻教子"的故事吗？因为没钱买笔墨，欧阳修的母亲就叫他用芦苇秆在沙土上写字。还有抗金英雄岳飞，小时候也是用树枝在沙上练字……

父亲的这番话，举例说明，有理有据，让年少的吴承恩明白：名人大家都可以如此刻苦，自己自然也可以。

阅读收获

巨著的背后，一定有作者付出的毕生的心血。虽然本文没有讲述吴承恩创作《西游记》时的艰辛，但用他小时候的故事告诉我们："万丈高楼平地起"，再高的大楼都要从平地修建起，所以一定要把基础打牢。

读后问一问

我国四大古典名著的另外三部是什么？

蒲松龄

[1640—1715]
山东淄博人

⭐ **成就：** 清代著名小说家，中国古代文言短篇小说成就最高。

⭐ **代表作：** 《聊斋志异》《聊斋文集》等。

阅读关键词：才学出众

才学出众的蒲松龄

"写鬼写妖高人一等，刺贪刺虐入骨三分。"这句话是后人对《聊斋志异》这部小说的评价，而蒲松龄正是该书的作者。

蒲松龄早年在文学上就很有名气，被当地人广泛赞誉。有一个姓石的乡绅十分嫉妒蒲松龄，心里很不服气，就想找个机会在蒲松龄面前显露一下自己的"才学"。

有一天，石姓乡绅在外面闲逛，正好看到了正和小伙伴们一起玩耍的蒲松龄，机会终于来了。于是，他指着不远处被掉落的砖墙砸死的一只小鸡信口诌道："细羽家禽砖后死。"念完，他就得意扬扬地要蒲松龄来对。

聪颖的蒲松龄早知这个乡绅的为人，就心生一计①，假装为难地说："我哪能对得上先生出的妙句，既然先生非要我学着对不可，那我就一个字一个字地试着对一下吧！"

石姓乡绅不觉大喜，心中暗想，原来这蒲松龄也不过如此，

还真不是大家所称颂的那般有才学。正在他独自得意的时候，只听蒲松龄又说："我记忆力不好，麻烦先生帮我记记，要不然，对完后面的，前面的我也就忘了。"

石姓乡绅更得意了，便喊来更多的人围观，想让大家都看看这个小家伙儿的笑话。于是，他毫不犹豫地回答说："好，好，你说我记！"

蒲松龄扳着指头，一字一字地对开了："粗可对细，毛能对羽，有家必有野，有禽还有兽，石同砖成对，先与后可联，生死相对，自不必说……总算都凑上了，请先生连起来读一读，看看怎么样。"

石姓乡绅照蒲松龄对的字一字一字地念起来，开始还趾高气昂②，念着念着觉得不对劲儿了，脸色"唰"地变得猪血般紫红。原来这七个字连起来是："粗毛野兽石先生。"

小伙伴们一听乐了，齐声喊着这个对句，一遍又一遍。这个捞了一个"粗毛野兽"称号的石姓乡绅，只好自认倒霉，灰溜溜地逃跑了。围观的人们一边对着远去的石姓乡绅哈哈大笑，一边向蒲松龄竖起大拇指。

也正是因为具备如此出众的才学，蒲松龄才写出了高人一等的《聊斋志异》。

好词解释

①心生一计：想出一个办法或主意。

②趾高气昂：形容骄傲自满、得意忘形的样子。

精彩句段分析

写鬼写妖高人一等，刺贪刺虐入骨三分。

这句话表明蒲松龄的《聊斋志异》写得好。写鬼也好写妖也好，比别人都要高一个水准；讽刺贪婪者、暴虐者，都入骨三分、一针见血。

阅读收获

蒲松龄不但才学出众，而且还为人谦虚。在被人无故挑衅时，蒲松龄巧妙应对，既化解了矛盾，又避免了不必要的纠缠。可见蒲松龄年纪虽小，却并非才疏学浅之辈。

读后问一问

如果你是文中的蒲松龄，面对挑衅，你会怎么做呢？

曹雪芹

[约 1715—约 1763]
江苏南京人

★ 成就：创作的《红楼梦》堪称中国古典长篇小说的巅峰，在世界文学史上占有重要地位。

★ 代表作：《红楼梦》。

阅读关键词：慈悲之心

曹雪芹的慈悲心

很多人都知道，我国四大古典名著之一《红楼梦》的作者是曹雪芹，但大家或许并不知道，曹雪芹从幼年开始就喜欢做风筝、放风筝，还是一个制作风筝和放风筝的高手呢！

《红楼梦》第七十回中就有一处关于放风筝的描写：宝玉说丫头们不会放，自己放了半天，只起房高便落下来……黛玉见风力紧了，过去将籰子①一松，只听一阵豁剌剌响，登时籰子线尽，风筝随风去了。风筝种类有很多：大蝴蝶、大鱼、大螃蟹、美人、大红蝙蝠、凤凰、红喜字、大雁等，花样翻新，令人目不暇接②。其中探春放的一只大凤凰造型的风筝，遭到另外一个来路不明的巨型风筝的突然袭击，被缠后绞断了线绳，漂泊到远方。

曹雪芹十几岁的时候，家里还很富有。佣人之中有位姓刘的花匠，会糊几十种风筝，于是曹雪芹很快也学会了做风筝，而且对南方和北方的各种风筝都很熟悉。曹雪芹心灵手巧，成

为制作风筝的好手。

　　风筝的制作，除扎得巧、糊得精之外，绘色也不可小看。曹雪芹所扎的风筝不仅有燕、蝶、螃蟹之类，还有人物，绘色奇绝，非常精美。

　　有一年年底，天气寒冷，曹雪芹的一个姓于的老朋友突然冒着风雪前来拜访。这位于姓朋友因为身残，无力维生，找到曹雪芹，希望能找点活路。聊天时，曹雪芹听到这位朋友说有王府贵公子花数十两银子购买风筝时，便剔竹、裁纸、裱糊、绘画，用了两天时间，制成了四个大风筝，叫这位朋友拿到城里去卖。没想到，很是抢手。

　　此后，曹雪芹就将扎糊风筝的技艺传授给了这位朋友。后来，这位朋友家的风筝生意越来越好，这都多亏了有爱心又手巧的曹雪芹。

　　因为家庭变故，曹雪芹自己的一生也是困顿不堪的，但他仍能想着更多的穷苦百姓，尽己所能地帮扶他们解脱困苦，这种为人品格实在难能可贵。也正是因为他心怀慈悲，关注百姓疾苦，他笔下的文字才能流传至今，感动着无数的人。

好词解释

①籰子：绕丝、线的工具。

②目不暇接：形容东西多，来不及观看或看不过来。

精彩句段分析

　　风筝种类有很多：大蝴蝶、大鱼、大螃蟹、美人、大红蝙蝠、凤凰、红喜字、大雁等，花样翻新，令人目不暇接。

　　此句描写了风筝繁多的样式，引导读者生发出一种"忙趁东风放纸鸢"的热闹非凡的场景想象。

本文虽然只是写了曹雪芹喜欢风筝的一面，但就像一只风筝，线的一头是风筝，另一头是牵线的人，我们通过风筝了解到牵线的大文学家曹雪芹的善良和慈悲情怀。一个文学家也只有具备了善根与慈悲心，才能创作出真正打动人心的作品来。

读后问一问

你是一个乐于助人的人吗？你身边有与乐于助人有关的事例吗？请举例写出一二。

曾国藩

[1811—1872]
湖南湘乡人

★ 成就：洋务运动的发起者之一，与李鸿章、左宗棠、张之洞并称"晚清四大名臣"。

★ 代表作：《曾文正公全集》等。

阅读关键词：韧劲

"笨人"曾国藩

在中国历史上，无论才学还是治国治家，曾国藩都是一位十分具有影响力的人物。不过，他小时候的天赋并不高，智力甚至可以说是中下水平。

有个关于曾国藩与小偷的故事流传很广：一天晚上，曾国藩在家中背书，有一个小偷悄悄溜进他家，潜伏到了他家的房梁上，希望等曾国藩读书入睡之后捞点好处。可是小偷等啊等，就是不见曾国藩去睡觉，而是翻来覆去地读着同一篇文章。小偷忍无可忍①，跳出来说："就这种水平还读什么书？"然后将那篇文章从头至尾背诵一遍，扬长而去！

小偷听都听会了，曾国藩背了一晚上却还不会，可见他真的不是天资聪颖的人。

曾国藩与同时代的俊杰比起来，也确实差了一大截——小他一岁的左宗棠，14 岁参加县试，名列第一；李鸿章也是 17 岁即中秀才；比曾、左、李稍晚的梁启超更是一个神童，11

岁中秀才，16岁中举人。

但曾国藩的厉害之处是，虽然天分不足，却肯下死功夫，有着极强的韧劲。书一遍背不下来就一遍遍地读，直到背下来为止，正是这种韧劲的体现。而更为人津津乐道[②]的，是他"每天做好三件事"的故事。

曾国藩在给弟弟的信里面曾经说："每日楷书写日记，每日读史十页，每日记《茶余偶谈》一则，此三事未尝一日间断。"而这些，只是曾国藩修身、为学、做人的态度的一个缩影。就在这样每天坚持做好三件事的过程中，人的学识在不断积累，那些一直在做的看似不起眼儿的小事，时间久了，就会使人发生脱胎换骨[③]的变化。

有个著名的"一万小时定律"——要成为某个领域的专家，需要一万个小时；每天三小时，只需十年。人们眼中的天才之所以卓越非凡，并非天资超人一等，而是付出了持续不断的努力。"笨人"曾国藩之所以在后来成为连毛泽东都钦佩的人，正是坚守了这个定律。

好词解释

①忍无可忍：要忍受却没法儿忍受，形容忍耐达到极限。

②津津乐道：很有兴趣地说个不停。

③脱胎换骨：比喻通过教育，思想得到彻底改造。

精彩句段分析

每日楷书写日记，每日读史十页，每日记《茶余偶谈》一则，此三事未尝一日间断。

《曾国藩家书》让人读后收获良多，此句出自他写给弟弟的一封书信，告诉弟弟坚持的重要性。

阅读收获

曾国藩的故事告诉我们：勤能补拙是良训，一分辛苦一分才。伟大的成功和辛勤的劳动是成正比的，有一分劳动就会有一分收获，日积月累，积少成多，坚持就可以创造出奇迹。

读后问一问

你坚持做得最久的一件事是什么？你看到奇迹出现了吗？

小朋友，你是不是已经随着这些文学家穿越回古代了呢？先别急着回来，快去闯关检验一下自己的记忆力如何吧。

一、开动小脑瓜，把括号里的内容补充完整。

1. 历史上第一位伟大的爱国诗人是 _____。

2. "初唐四杰"是 _____、杨炯、卢照邻、_____。

3. "诗魂"是指 _____，"诗佛"是指 _____，
   "诗仙"是指 _____，"诗圣"是指 _____。

4. "读书破万卷，_____。"这是大诗人杜甫的名句。

5. "唐宋八大家"之一，宋代文学成就最高的代表人物是 _____。

二、除了优秀文学家的名字，他们的作品你一定也记住了不少吧！
   快让他们对号入座吧！

① 《离骚》　　② 《史记》　　③ 《七步诗》　　④ 《滕王阁序》

⑤ 《长恨歌》　　⑥ 《如梦令》　　⑦ 《红楼梦》　　⑧ 《正气歌》

⑨ 《西游记》　　⑩ 《咏鹅》　　⑪ 《聊斋志异》

白居易 ( )	蒲松龄 ( )	曹雪芹 ( )	文天祥 ( )
屈 原 ( )	吴承恩 ( )	曹 植 ( )	骆宾王 ( )
司马迁 ( )	王 勃 ( )	李清照 ( )	

三、你是不是词库小达人呢？试着把下列成语填写完整吧。

琼（　　　）玉（　　　）　　　　情不（　　　）（　　　）

风（　　　）一（　　　）　　　　脍炙（　　　）（　　　）

忠心（　　　）（　　　）　　　　投（　　　）取（　　　）

乳（　　　）未（　　　）　　　　声（　　　）（　　　）赫

高（　　　）阔（　　　）　　　　得（　　　）应（　　　）

锲而（　　　）（　　　）　　　　笔耕（　　　）（　　　）

（　　　）（　　　）遐迩　　　　（　　　）（　　　）不暇

四、跟着这些文学家你一定知道了不少典故吧？聪明的你快快把与下列典故有关的文学家的名字写出来吧。

孺子可教：_____　　　　才高八斗：_____

洛阳纸贵：_____　　　　铁杵磨针：_____

画荻教子：_____　　　　妙笔生花：_____

五、你是不是和这些文学家一样从小就背了很多首古诗呢？请按要求默写以下两首古诗。

《咏凤凰》

杜甫

《九月九日忆山东兄弟》

王维

梁启超

[1873—1929]
广东新会人

★ **成就**：中国近代思想家、政治家、教育家、史学家、文学家。戊戌变法领袖之一，中国近代维新派、新法家代表人物。

★ **代表作**：《饮冰室合集》等。

阅读关键词：聪明

梁启超巧对对联

梁启超出生于书香门第①，从小就聪明过人，才思敏捷。

10岁那年，梁启超随父亲进城，夜里住在李秀才家。李家正厅对面有一处杏园，第二天早晨，梁启超起床后便到杏园里去玩耍，见朵朵杏花争奇斗艳②，十分好看，便忍不住摘了几朵。突然，他听到有脚步声，原来是父亲与李秀才来了。梁启超急忙将杏花藏在袖子里，但仍被父亲看见了。

父亲不好意思在朋友面前责怪儿子，便以对对联的形式来处罚他。父亲吟出上联："袖里笼花，小子暗藏春色。"梁启超仰头凝思，看见对面厅檐下挂着的"挡煞"大镜，随口对出了下联："堂前悬镜，大人明察秋毫③。"李秀才拍掌叫绝，急忙说道："让老夫也来考一考贤侄，'推车出小陌'，怎样？"梁启超立刻对上："策马入长安。""好，好！"李秀才听后

连声叫好。在这欢愉的气氛中，父亲原谅了梁启超的过错。

还有一次，梁家来了一位客人，正与父亲谈事。梁启超在外面玩得满头大汗地跑了进来，从茶几上提起茶壶斟了一大碗凉白开正想喝，却被客人叫住了，说要考考他。

客人见茶几上铺着一张大纸，便提笔狂草了一个"龙"字，然后对梁启超说："你读给我听。"梁启超看了一眼，摇摇头。客人见状哈哈大笑起来，但梁启超没理他，一口气喝干了放在茶几上的那碗凉白开。客人看了又哈哈大笑，道："饮茶龙上水。"梁启超用袖子抹一下嘴角，说："写字狗耙田。"梁启超的讥讽让父亲十分尴尬，正要惩罚他，客人说："令公子对答工整，有新意，实在令人惊异。"

梁启超童年时期是不是很聪明呢？长大之后，为了救国救民，梁启超发起了百日维新运动，他的这番聪明才智也发挥了极其重要的作用。

好词解释

①书香门第：旧时指祖辈均是读书人的家庭。

②争奇斗艳：形容百花竞放，十分美丽。

③明察秋毫：形容为人非常精明，任何小问题都看得很清楚。秋毫，秋天鸟兽身上新长的细毛，比喻微小的事物。

精彩句段分析

"袖里笼花，小子暗藏春色。"

"堂前悬镜，大人明察秋毫。"

前句是父亲指责梁启超不该折花。后句梁启超对仗工整，既夸了父亲对事实的洞察，又让父亲忘了不快。

童年时期的梁启超每次都可以依仗自己的聪明才智巧妙化解困顿。但聪明虽好，还是应该用在正确的地方。成人之后的梁启超正是用自己的聪明才智在救国救民的大事上做出了有益的探索。

读后问一问

你用自己的聪明才智解决过什么麻烦吗？

鲁 迅

[1881—1936]
浙江绍兴人

★ 成就：中国现代伟大的无产阶级文学家、思想家和革命家；其作品对于五四运动以后的中国文学产生了深远的影响；被誉为"民族魂"。

★ 代表作：《阿Q正传》《呐喊》《彷徨》等。

阅读关键词：珍惜时间

惜时如命的鲁迅

鲁迅从小就学习认真。少年时的鲁迅在江南水师学堂读书时，第一学期成绩优异，学校奖给他一枚金质奖章，他立即拿到南京鼓楼卖掉，然后买了几本书，又买了一串红辣椒。当晚上寒冷或夜读难熬时，他便摘下一个辣椒，放在嘴里嚼，辣得直冒汗，精神也就不再委顿①。他就是用这种办法驱寒并坚持读书的。由于读书刻苦，他最终成为了我国著名的文学家。

鲁迅的成功，还得益于一个重要的秘诀，那就是珍惜时间。鲁迅12岁在绍兴城读私塾的时候，父亲正患着重病，两个弟弟年纪也还小，鲁迅学习之余不仅要上当铺，跑药店，还要经常帮助母亲做家务。

为了不影响学习，他必须做好精确的时间安排。所以鲁迅几乎每天都在挤时间学习。他说过：时间，就像海绵里的水，只要愿意挤，总还是有的。

有一天，鲁迅在家里帮助母亲多做了一些事，结果上学迟到了，老师责备了他。于是，鲁迅用小刀在书桌的右下角正正方方地刻了一个"早"字，用以提醒和鞭策②自己珍惜时间，发奋读书。

　　鲁迅读书时兴趣十分广泛，又喜欢写作，他对于民间艺术，特别是传说、绘画，也无比喜爱。正因为他广泛涉猎③，多方面学习，所以时间对他来说，实在是非常重要。

　　鲁迅一生多病，工作条件和生活环境都不是太好，但他每天都要工作到深夜才肯罢休。在鲁迅的眼中，时间就如同生命一般。

　　因为鲁迅对时间无比珍视，又善于在繁忙中挤出时间，所以他才能给后人留下那么多的文学著作。

好词解释

①委顿：疲乏，没有精神。

②鞭策：用鞭或策赶马，比喻督促。策，古代赶马用的棍子，一端有尖刺，能刺马的身体，使它奔跑。

③涉猎：粗略地阅读、浏览，不深入钻研；接触，涉及。

精彩句段分析

时间，就像海绵里的水，只要愿意挤，总还是有的。

　　鲁迅先生用海绵里的水来告诫人们：要珍惜一切时间来学习，不要总是等待和找借口，争分夺秒地学习才能做出一番成就来。

阅读收获

鲁迅先生从小就刻苦学习，无惧严寒，在生活的奔忙间隙仍拼命挤出时间来学习。正是因为从小就拥有惜时如命的优良品质，鲁迅才能成为一代文学大家。这个故事也让我们明白：珍惜时间，就是珍惜生命。

读后问一问

你读过鲁迅先生的哪些名著？写下来比比谁知道得更多吧。

郭沫若

[1892—1978]
四川乐山人

☆ 成就：中国新诗的奠基人之一，中国历史剧的开创者之一。

☆ 代表作：《女神》《星空》等。

阅读关键词：锐意进取

好学少年郭沫若

郭沫若自幼聪颖，才智过人，而且从小就好读书。4 岁半上私塾，7 岁能背《唐诗三百首》和《千家诗》等。

虽然是个好学少年，但是，孩子们天生的顽劣脾性，好玩好动、好奇好闯，郭沫若同样也有。

有一年，私塾附近寺庙里的桃子熟了，蜜桃的甜香味早就让同学们忍不住了。趁私塾先生不在，郭沫若就带同学们偷偷溜进寺庙去摘桃子吃。走进桃园，熟透了的桃子个个挂在枝头，很是喜人，这可乐坏了这帮打算学着孙悟空"摘仙桃"的孩子。你一个，我一个，不到半天工夫，又大又甜的桃子便填饱了孩子们的肚子。

第二天，寺庙里的大和尚发现桃子被摘，非常生气，便跑到私塾找先生告状。先生当然不肯放过这帮孩子，一遍遍地追问是谁干的。孩子们个个吓得不敢作声，先生见状，又是生

气又是心疼，于是，出了上句"昨日偷桃钻狗洞，不知是谁"，称谁能对出下句，谁就可以免罚。这样既挖苦①了学生，又教育了学生。

学生们也明白先生的意思，想站又不敢站。这时候，郭沫若从座位上站了起来。先生早就知道摘桃这事一定有他，打算等他对完下句之后好好教训他一番。

郭沫若思考了一会儿，对出下句："他年攀桂步蟾宫，必定有我。"先生听完，立即就觉得此对句不凡，表现出了强烈的进取精神，将来这孩子必定会出人头地②，干出一番大事业。但因为郭沫若和孩子们做错了事，先生心里再高兴，表面上还是装作镇定自若③的样子，并不忘教育他："为人做事，光有远大的志向还不够，还要有高尚的品质，比如知错就改。"

最后，由于聪颖的郭沫若对句出彩，孩子们一律免罚了。不过从此之后，郭沫若也将先生的话牢牢记在了心里。

又有一次，先生讲过岳飞和文天祥的故事后问道："国家兴亡，匹夫有责，你们该怎么办？"又是郭沫若回答得最为精彩："要振兴中华多读书，为富国强兵读好书。"郭沫若是这样说的，也是这样做的，后来他终于成了学识渊博、卓有成就的一代名人。

好词解释

①挖苦：用刻薄、难听的话来嘲笑别人。

②出人头地：超出一般人，高人一等。

③镇定自若：指面对灾难时冷静的表现。

精彩句段分析

他年攀桂步蟾宫，必定有我。

来年应考考中的人之中，一定有我。这句话充分显示了郭沫若的少年壮志。

阅读收获

郭沫若不但成了学识渊博的文学家，还积极投身于振兴中华的伟大革命事业中，这一切都归功于他是一个具有进取精神的人。

读后问一问

你是一个具有进取精神的人吗？具体表现在哪里？

叶圣陶

[1894—1988]
江苏苏州人

★ 成就：现代作家、教育家、出版家和社会活动家，有"优秀的语言艺术家"之称。

★ 代表作：《稻草人》《叶圣陶语文教育论集》等。

阅读关键词：实践学习

叶圣陶的"社会实践课"

　　著名诗人臧克家曾经说过："温、良、恭、俭、让这五个大字是做人的五种美德，我觉得叶老先生身上兼而有之。"

　　叶老先生即为叶圣陶。和所有的家长一样，叶圣陶的父母在叶圣陶小的时候也抱有很大希望，盼着儿子日后能够飞黄腾达①。所以父母让叶圣陶3岁时就开始识字、练字。到6岁时，叶圣陶已识字三千左右，字也写得异常漂亮。

　　6岁的叶圣陶被父亲送进私塾，并听父亲的话，多多向先生请教，很快便熟读了"四书""五经"。父亲虽然勉励儿子熟读圣贤书，但并不主张关在书房里"一心只读圣贤书"，还应该多熟悉社会和认识社会上的种种人事。

　　父亲认为："不识字好过，不识人难过。"于是，父亲会在叶圣陶读书之余带他四处走走，比如到亲戚家拜年、祝寿，清明节到先人那里祭拜，秋天到乡下看秋收……这一切都大大地开阔了叶圣陶的眼界，使他无形中受到人情事理的熏陶。

　　叶圣陶自幼生活在文化氛围很浓的吴地，远山近水、亭台楼阁、斋堂殿馆、庙院庵祠，甚至连城里的路名，都有来历；哪怕是一块匾额、一个牌楼、一座桥梁都有传说。父亲总是会带他去看，把那些传说讲给他听，而且回家后还要求他回忆参观时的先后次序，做类似日记的记录，这些都是"开笔"之前的写作训练。

　　父亲把家庭、私塾和社会结合起来的开明②教育，使叶圣陶受益匪浅③，使他最终成为一名具有温、良、恭、俭、让的美德，受人尊敬的大家。

好词解释

①飞黄腾达：形容骏马奔腾飞驰。比喻官职升得很快。

②开明：一般指人通达、明智、思想开通，不顽固不保守。

③受益匪浅：得到的好处不小，受到的利益不少。匪，通"非"，不。

精彩句段分析

　　叶圣陶自幼生活在文化氛围很浓的吴地，远山近水、亭台楼阁、斋堂殿馆、庙院庵祠，甚至连城里的路名，都有来历；哪怕是一块匾额、一个牌楼、一座桥梁都有传说。

　　吴地有着数不清的山水风光、楼台建筑，也有着数不清的故事传说。当地深厚的文化底蕴给叶圣陶的童年增添了许多趣味，也使他的成长具有了深厚的文化底蕴。

阅读收获

本文讲述了父母希望叶圣陶学有所成，把家庭教育、向私塾先生学习和亲身到社会中体验三者充分结合起来，使叶圣陶最终成为大家的故事。我们提倡德智体美劳全面发展，读书学习也不能脱离自然、生活。

读后问一问

爸爸妈妈平日是如何提高你的文化素养的？你喜欢他们辅导你的方式吗？

许地山

[1893—1941]
台湾台南人

★ 成就：著名小说家、散文家，"五四"时期新
文学运动先驱者之一；20世纪20年代问题小说
的代表人物之一。

★ 代表作：《空山灵雨》《落花生》等。

阅读关键词：花生品格

"落花生"许地山

提起著名作家许地山，很多人都知道他的《落花生》。今天，我们也来分享一下他的这篇经典作品吧。

我们家的后园有半亩空地，母亲说："让它荒着怪可惜的，你们那么爱吃花生，就开辟出来种花生吧。"我们姐弟几个都很高兴，买种，翻地，播种，浇水，施肥，没过几个月，居然收获了。

母亲说："今晚我们过一个收获节，请你们父亲也来尝尝我们的落花生，好不好？"母亲把花生做成了好几样食品，还吩咐就在后园的茅草亭过这个节。

晚上天色不太好，可是父亲也来了，实在很难得。

父亲说："你们爱吃花生吗？"我们争着答应："爱！""谁

能把花生的好处说出来？"姐姐说："花生的味儿美。"哥哥说："花生可以榨油。"我说："花生的价钱便宜，谁都可以买来吃，都喜欢吃。这就是它的好处。"

父亲说："花生的好处很多，有一样最可贵：它的果实埋在地里，不像桃子、石榴、苹果那样，把鲜红嫩绿的果实高高地挂在枝头上，使人一见就生爱慕①之心。你们看它矮矮地长在地上，等到成熟了，也不能立刻分辨出来它有没有果实，必须挖起来才知道。"

我们都说是，母亲也点点头。父亲接下去说："所以你们要像花生一样，它虽然不好看，可是很有用。"我说："那么，人要做有用的人，不要做只讲体面②，而对别人没有好处的人。"父亲说："对。这是我对你们的希望。"

我们谈到深夜才散。花生做的食品都吃完了，父亲的话却深深地印在我的心上。"

许地山成名后，念念不忘③这段美好的回忆，后以"落花生"为笔名来时时鞭策自己。由此可见，良好的家庭教育对人的影响有多大！

好词解释

①爱慕：对人或事有深挚的感情。

②体面：有面子。

③念念不忘：牢记在心，时刻不忘。

精彩句段分析

花生的好处很多，有一样最可贵：它的果实埋在地里，不像桃子、石榴、苹果那样，把鲜红嫩绿的果实高高地挂在枝头上，使人一见就生爱慕之心。你们看它矮矮地长在地上，等到成熟了，也不能立刻分辨出来它有没有果实，必须挖起来才知道。

通过对花生与桃子、石榴、苹果的对比，我们明白了虽然同样是果实，但其实是有区别的，花生具有可贵的品格。作者也由此将对花生品格的认知，自然贴切地移接到对做人品格的认知上。

阅读收获

父母良好的教育方式对孩子的影响是终生的。《落花生》一文平淡如水的记叙中，蕴涵了殷殷的深情。许地山的父母引导孩子们从花生的好处及品格谈起，使孩子们明白了做人的道理：人要做有用的人，不要做只讲体面，而对别人没有好处的人。

读后问一问

你的父母给了你哪些潜移默化的影响呢？

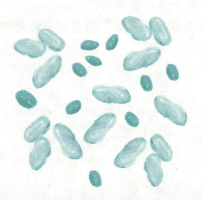

郁达夫

[1896—1945]
浙江富阳人

成就：中国现代作家、革命烈士，所著《沉沦》是中国现代文学史上第一部白话短篇小说集，轰动文坛。

代表作：《沉沦》《故都的秋》等。

阅读关键词：发愤图强

郁达夫发愤图强

　　郁达夫的童年是在缺乏爱的孤独环境中度过的。他 4 岁的时候，父亲就去世了，本就不富裕的家境变得更拮据了。没有了父亲的支撑，为了生计，母亲不得不常常在外奔波，幼小的郁达夫有种被抛弃的感觉。营养不良加上生来的体弱多病，使他常受他人欺负。年幼的郁达夫有一种与生俱来①的自卑感。

　　上学时，郁达夫总觉得矮别人一截，每天都诚惶诚恐②、战战兢兢③，像一只蜗牛一样蜷伏着，连头都不敢伸出来一下。

　　自古雄才多磨难，从来纨绔少伟男。郁达夫知道，要想改变这种不幸的局面，对他来说只有发愤图强，至少学习成绩要优于别人，才会被人看得起。

　　因为学习成绩特别优秀，他受到了地方政府的嘉奖，并且跳级升班，在当地引起了轰动。但伴随着开心而来的却是忧愁，

母亲好不容易凑齐了学费，郁达夫考虑再三，提出想要一双皮鞋，因为同学们都穿着锃亮的皮鞋，只有他自己穿着几乎要烂掉的布鞋。

为了满足儿子的愿望，母亲只好带着郁达夫到鞋店试着赊账。每走进一家鞋店，掌柜的都是笑脸相迎，但一听到希望赊账时，个个都冷脸相待，说出来的话也都很刺耳。半个上午过去，当他们再次被一家鞋店掌柜赶出店时，郁达夫再也受不了了。回到家，母亲拿着自己的一包衣服准备去当铺当了，然后去给孩子买皮鞋。看着母亲花白的头发、粗糙的双手，郁达夫顿时感到了深深的愧疚，哭着说再也不要皮鞋了……

买皮鞋这件事对少年郁达夫的触动非常大，他不仅体会到了母亲的艰辛，也体悟到了"想要不被人欺，必须使自己强大"的道理。于是，他暗下决心，更加发愤苦读，走上了文学创作的道路，最终成为我国著名的大作家。

好词解释

①与生俱来：从一生下来就有；天生。

②诚惶诚恐：非常小心谨慎，以至于达到害怕不安的程度。

③战战兢兢：形容非常害怕而微微发抖的样子。也形容小心谨慎的样子。

精彩句段分析

自古雄才多磨难，从来纨绔少伟男。

语自《劝学》，意为：自古以来，凡是做成大事的英雄豪杰都是经历过很多磨难的，而那些富贵人家的子弟很少有人

能成就大事的。

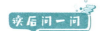

阅读收获

　　逆境使人奋发图强，逆境使人坚强，逆境造就人才。郁达夫通过自己的努力，证实了身处逆境一样可以逆袭。

读后问一问

　　你曾经为自己的衣着不如别人而跟父母生气吗？如果你是买不起一双皮鞋的郁达夫，你会怎么做？

"文字迷"茅盾

　　童年时代的茅盾，就表现出了对文学的浓厚兴趣。一个偶然的机会，茅盾发现家中有一间废弃的屋子，里面竟然堆了很多诸如《七侠五义》《西游记》《三国演义》之类的旧小说。茅盾如获至宝①，本本都读得爱不释手②。

　　因为喜欢书，所以茅盾只要看起书来就废寝忘食③。9岁那年，他到舅舅家做客，看到书架上有一本厚书叫《野叟曝言》。他知道这本书曾被称为"天下第一奇书"，好奇到底是奇在哪里，便试着读起来，结果一发不可收。他用了三天半的时间竟然看完了这本百万字的书，舅舅知道后对他连连称赞。

　　书读得多了，作文自然会写得好。每次写作文，茅盾都让老师和同学刮目相看④。进入中学后，茅盾更加系统地学习了中国古典文学，作文水平更是突飞猛进。

　　有一次老师布置作文，要求题目自拟。很多学生还在绞尽

脑汁⑤之际，茅盾却借鉴庄子《逍遥游》中的寓意写完了作文，题名《志在鸿鹄》。文中写了一只大鸟展翅高飞，在空中翱翔，嘲笑下边仰着脸看的猎人。这是一篇寓言，茅盾借对大鸟形象的描写，展现了自己的少年壮志。而且，文章的题目又与茅盾的名字"德鸿"暗暗相合。

《志在鸿鹄》这篇文章意境高远，想象丰富，形象生动。老师很是赏识，称赞茅盾将来定能成为文学大家。老师的预见没有错，从小就是"文字迷"的茅盾最后果然成了著名的文学家。

好词解释

①如获至宝：形容对所得到的东西非常珍视喜爱。

②爱不释手：喜欢的东西舍不得放手，形容极其喜爱。

③废寝忘食：顾不得睡觉，忘记了吃饭。形容非常勤奋、专心。

④刮目相看：用新的眼光去看待。

⑤绞尽脑汁：形容费尽心思，苦思积虑，想尽办法。

精彩句段分析

文中写了一只大鸟展翅高飞，在空中翱翔，嘲笑下边仰着脸看的猎人。这是一篇寓言，茅盾借对大鸟形象的描写，展现了自己的少年壮志。

年少的茅盾在完成老师布置的写作任务时，将自己比作在高空展翅翱翔的鸟，传递出少年的远大志向。

阅读收获

　　文学家茅盾从小就对文学有着极大的兴趣，广泛阅读，专注于文学，最终实现了自己的文学梦。兴趣是最好的老师，想要做好一件事，首先要对它产生兴趣，这是十分必要的。

读后问一问

　　你对什么事情最感兴趣？平时的爱好又有哪些？

朱自清

[1898—1948]
江苏扬州人

★ 成就：被公认为五四新文学运动中成绩卓著的优秀散文作家。

★ 代表作：《背影》《荷塘月色》等。

阅读关键词：爱书

朱自清买书成痴

朱自清所写的《背影》感动了一代又一代人。除了写作，朱自清还有一个嗜好，那便是买书。

上中学时，家里每月给朱自清1元零花钱，他大部分都交给书店了。他常去的是广益书局，引发他对哲学产生浓厚兴趣的《佛学易解》，就是从这家书店得到的。

有一次，朱自清又去逛书店，见到了一部新版的《韦伯斯特大字典》，定价为14元。朱自清对这本书爱不释手，只是书的定价对于一个穷学生来说实在不是个小数目。该怎么办呢？朱自清思来想去，决定把家里那件还值点钱的皮大氅拿到当铺换钱。

这件大氅是父亲为他做的，在制作的时候费了不少心力。一边是父亲亲手缝制的大衣，一边是自己想要的书，实在是让朱自清左右为难。最后，朱自清想到，大衣放在当铺里以后还

能赎回来，可书一旦被人买走就再没有了，他便**毅然决然**①地将大衣拿到当铺，然后用换来的钱把《韦伯斯特大字典》买回了家。

但那件皮大氅最终也没能赎回来。因为想要的大字典买了回来，还会有更多其他想要的书，只要有一点闲钱，朱自清就都用来买书了。

大学毕业之后，朱自清做了老师。由于冬天实在太冷，朱自清买了一件很便宜的马夫用的粗糙的毡布披风，白天裹在身上抵挡风寒，晚上就铺在身下当褥子。想想那件当出去至今没能赎回的皮大氅，还真是让人无限感叹朱自清对书的那份痴迷啊。

朱自清曾在《买书》这篇文章里记述过他买书的经历，虽然艰辛，但也正是因为每本书都来之不易，所以他在看每一本每一页的时候都倍觉珍贵。直到后来，看过的书变成了他自己笔下的文字，变成了诸如《背影》《荷塘月色》等**流传于世**②的名篇佳作。

①毅然决然：意志坚决，毫不犹豫。
②流传于世：在社会上流传，并保留下来。

朱自清买了一件很便宜的马夫用的粗糙的毡布披风，白天裹在身上抵挡风寒，晚上铺在身下当褥子。想想那件当出去至今没能赎回来的皮大氅，还真是让人无限感叹朱自清对书的那份痴迷啊。

　　典当一件皮大氅，购买一件便宜的毡布披风，彰显了朱自清对书的痴迷程度。作为读书人，物质的贫乏没有什么，怕的只是精神世界不够富足。

阅读收获

　　这篇文章写了朱自清在自己的成长岁月里买书的艰辛。生活在新时代的我们，更应该珍惜当下的幸福生活，多读书，读好书。

读后问一问

　　你爱读书吗？遇到自己无比喜爱的书，又无钱购买，你会怎么办？

梁实秋

[1902—1987]
浙江杭州

★ 成就：现当代著名散文家、学者、翻译家，我国第一个研究莎士比亚的权威，其散文集创造了中国现代散文著作出版的最高纪录。

★ 代表作：《雅舍小品》《英国文学史》等。

阅读关键词：勇敢上路

不畏前路的梁实秋

梁实秋出生在一个非常传统的大家庭。父母虽然生了十几个孩子，但对梁实秋尤其喜爱。父亲有一间名叫"饱蠹楼"的书房，这间书房对于家中的其他孩子来说是个禁区，不得随意入内，只有梁实秋是个例外，父亲特准他可以自由进出，自由翻阅其中图书。

在梁实秋很小的时候，家里请来一位老先生，教几个孩子读书；再长大一些，梁实秋又被送到私立贵族学校。这些都为他打下了良好的古文功底。

14岁那一年，父亲决定让梁实秋上清华。因为梁实秋从来没有独自在外待过，为了上学要到一个完全陌生的地方去住，对他和家人来说都是件充满挑战的事。而且清华规定八年之后要漂洋过海到美国去留学，这更是难以想象的。

但为了有更好的发展，梁实秋还是勇敢地听从了父亲的安排，经过笔试、面试等，费了好一番功夫，终于进入了清华。

那时的清华还叫"清华学堂"，是留美预备学校，完全由美国人进行西式教育，所以在课程安排上也特别重视英文，而国文、历史等课程根本不被列入毕业考查范围之内。所以大部分学生都轻视下午的中文课程，但梁实秋因为一直很喜欢中国古典文学，所以下午的课他也从不掉以轻心。

很多读者都喜欢梁实秋的《雅舍小品》，这也正是因为梁实秋有着深厚的古典文学基础，在写作中能将文言和白话完美结合，才使得其中文字显得既清新雅致，又透着幽幽古意[1]。

八年后，梁实秋再次勇敢上路，离开影响了他一生的清华去美国留学，先后在科罗拉多大学、哈佛大学都拿了学位。他一生以写散文鸣世[2]，以翻译、研究西方文学立世，称得上是20世纪华人世界里的一代文化大家。

好词解释

①古意：古人的思想意趣或风范。

②鸣世：著名于世。

精彩句段分析

这也正是因为梁实秋有着深厚的古典文学基础，在写作中能将文言和白话完美结合，才使得其中文字显得既清新雅致，又透着幽幽古意。

文言文和白话文结合在一起的最佳状态，就是既清新雅致，又透着幽幽古意，梁实秋恰恰做到了。若是没有深厚的

古典文学基础，这绝然是做不到的。

一个人，如果执着于对古典文学的研读与学习，是能够影响他一生的。一个人，如果不畏未知前路，勇敢前行，也是可以改变自己一生的。

你够勇敢吗？你认为身边最勇敢的人是谁？为什么？

钱锺书

[1910—1998]
江苏无锡人

成就：中国现代作家，对中西诗论、文论，以及中西方文化有深入研究。

代表作：《写在人生边上》《围城》等。

阅读关键词：争气

钱锺书为书钟情

　　文学大家钱锺书本不叫钱锺书，因为伯父没有儿子，按照惯例，钱锺书一生下来就过继给了伯父；而且，满周岁"抓周①"时，他抓到一本书，所以改名为锺书。

　　钱锺书6岁上小学，但因为一场大病，只好休学，由伯父在家授课。毕竟不是在学校，时间上相对自由些，伯父出去喝茶时会给钱锺书零用钱让他去街边的小书摊儿租书看。对于一个爱看书的孩子来说，能津津有味地看一本自己喜欢的书应该是最幸福的了。

　　11岁那年，钱锺书考取东林小学，伯父不久去世。尽管有父亲负责他的学杂费，但其他开支无法弥补。没有作业本，他就用伯父之前订起来的旧本子；笔尖断了，他就尝试把竹筷削尖代用。他从来没有因为生活拮据而伤心过，让他伤心的是在清华大学任教的父亲一直对他的作文不满意。争气的钱锺书

为此阅读了大量的书籍，渐渐地，他可以代父亲写信、写诗了，父亲的脸上终于露出了满意的笑容。

一次，钱锺书代父亲为乡下一家大户作墓志铭②。偶然间，他听见父亲向母亲称赞那篇文章，这是钱锺书第一次听到父亲称赞他，高兴得简直要跳起来了。后来，钱锺书代父亲为《国学概论》这本书作序，序写好之后，父亲竟一个字也没有改动。书出版时，没有人看出这篇序是一个20岁的年轻人代写的。

佛争一炷香，人争一口气。钱锺书钟情于读书，在写作上为自己争了一口气，也争得了在整个文坛都不可取代的地位。

好词解释

①抓周：旧俗，婴儿周岁时，父母摆上各种物品任其抓取，用来试探婴儿将来的志向、爱好等。

②墓志铭：一种悼念性的文体，更是历史悠久的文化表现形式。

精彩句段分析

争气的钱锺书为此阅读了大量的书籍，渐渐地，他可以代父亲写信、写诗了，父亲的脸上终于露出了满意的笑容。

每个父亲都对孩子寄予了深切的期望，而每个孩子又不愿意让父亲失望。此时无声胜有声，不需过多言语，只需付出行动，孩子没有看到父亲失望的眼神，看到的是父亲露出的满意笑容，堪称完美。

阅读收获

文章描述了钱锺书从"抓周"取书，到租书、看书、写作，再从写作不满意到满意，一直到最后在文坛取得不可取代的地位的成长故事，让我们明白：仅钟情是不够的，还要不停地辛勤浇灌，哪怕只为争一口气。

读后问一问

最近一次父母对你露出满意的笑容是因为什么？

老　舍

[1899—1966]
北京人

★ 成就：杰出的语言大师，人民艺术家，新中国第一位获得"人民艺术家"称号的作家。

★ 代表作：《骆驼祥子》《四世同堂》《茶馆》等。

阅读关键词：笃诚

笃诚的老舍

　　很不幸，在老舍出生的第二年，父亲就去世了。从此，一家人失去了生活来源。母亲靠给人缝补浆洗衣服勉强维持着全家人的生活。家庭的贫寒使老舍不能像有钱人家的孩子那样拥有一个幸福的童年，一直到 9 岁，目不识丁①的老舍才有机会进了小学。

　　老舍的小学同窗、后来的大学者罗常培形容他："一个小秃儿，天生洒脱、豪放、有劲，把力量蕴蓄在里面而不轻易表现出来，被老师打断了藤条教鞭，疼得眼泪在眼睛里乱转也不肯掉一滴泪珠或讨半句饶。"

　　老舍在小学堂读书时，学习刻苦，待人真诚，同学们都爱接近他。有个叫高煜年的同学更是和他形影不离②。

　　一天，老师看到窗外的风筝，出了一个《说纸鸢》的作文题。老舍文思敏捷，词汇丰富，很快就写好了。可高同学却

仍在那儿紧锁眉头，苦思冥想，最后不得不求助老舍。

第二天上课，老师特别高兴地对学生们说："这次作文，不少同学大有进步，尤其是高煜年同学的文章，破题得体，先获吾心。"接着，老师情不自禁地高声朗诵起来："纸鸢之为物，喜风而畏雨，以纸为衣，以竹为骨，以线索之，飘荡空中……"

老舍和高同学望着老师陶醉的神态，止不住偷偷笑了起来。老师发现后，对二人弄虚作假③的行为提出了严厉的批评。老舍也由此意识到了"欺骗"的危害性，一辈子再也没有在文学创作上做过弄虚作假的事情。直到临终之前，老舍还一直保持着笃诚、坦率的文学品格。

 好词解释

①目不识丁：形容一个字也不认识。

②形影不离：形容彼此关系密切，经常在一起。

③弄虚作假：搞虚假，欺骗别人。

 精彩句段分析

纸鸢之为物，喜风而畏雨，以纸为衣，以竹为骨，以线索之，飘荡空中……

此句可解释为：纸鸢是一件物品，喜欢风害怕雨，以纸做衣服，以竹做骨架，用线将它牵起，飘荡在空中……以《说纸鸢》为题的作文，如此开篇点题，不仅使文章中心突出，而且使读者一目了然。

阅读收获

一个作家创作的人物和故事情节，都是他真实生活的再现和升华。老舍也不例外。本文向我们讲述了老舍的成长环境和成长经历，也让我们知道了老舍作为一名人民艺术家，他的作品风格的形成过程。

读后问一问

你认真观察过你身边的一些人，比如邻居、门卫、保洁员吗？请以这些人的生活故事为素材写一篇小作文吧。

冰 心

[1900—1999]
福建福州人

成就：中国诗人，现代作家，翻译家，儿童文学作家，社会活动家，散文家。

代表作：《寄小读者》等。

阅读关键词：爱书

书痴冰心

冰心是我国第一代儿童文学作家的代表人物，她的文学作品融汇着"爱的哲学"，深受读者的喜爱。

在冰心小时候，女孩是不能进学堂读书的。冰心 4 岁时，就在母亲和舅舅的督促下，开始读书认字，但冰心一开始对认字并不感兴趣，好在她很喜欢听故事。舅舅为了鼓励她学习，就许诺她如果功课按时做完就给她讲故事。讲完儿童故事，舅舅又给她讲《三国演义》。小小年纪的冰心一下子被书里鲜活的人物和曲折的情节吸引住了，越听越感兴趣，所以总是早早地把功课做完。

后来为了想知道故事的发展，冰心就自己抱起厚厚的《三国演义》"啃"起来。虽然七八岁的冰心并不能全部看得懂，但居然越看越入迷。随后，冰心又看了《水浒传》《西游记》《红楼梦》等大部头书，看得手不释卷①，茶饭不思。母亲担心孩

子成了书痴，就经常偷偷把书藏起来，只为让她出去玩会儿。

谁知道当冰心找小伙伴玩耍时，却又被小伙伴们团团围住，听她绘声绘色②讲书里的故事，有时"话说天下大势，分久必合，合久必分"，有时"一个是阆苑仙葩，一个是美玉无瑕"……见小伙伴听得入迷，冰心又跑回家一本接一本地看起书来，看完再跑出去讲给小伙伴们听。

一直到11岁，冰心除了四大名著，又看了《说岳》《东周列国志》等古典小说，还看了不少外国作品。后来她又对唐诗产生了浓厚的兴趣，很快就能背诵许多有名的诗篇，这也为她以后的文学创作打下了坚实的基础。

看到冰心如此爱读书，开明的父亲决定让她去上学。终于，12岁的冰心成为家里第一个正式进学堂读书的女孩。

冰心后来成为著名的作家，与她童年爱读书的良好习惯有着很大的关系。书籍启迪了冰心的智慧，丰富了她的情感，拓宽了她的眼界，一步步地把她送入了文学的殿堂。

好词解释

①手不释卷：书本不离手。形容勤奋好学。

②绘声绘色：形容叙述或描写生动逼真。

精彩句段分析

话说天下大势，分久必合，合久必分。

语出《三国演义》第一回。这句话的意思是指历史所呈现出的发展规律。在本文中出现，刻画了小冰心讲故事时稚气的神态和小大人似的一本正经，很是可爱。

阅读收获

任何人都不是随随便便成功的，都需要付出比常人多很多的努力。冰心的故事告诉我们：读书就是迈向成功的最好途径。

读后问一问

冰心的《小橘灯》是她写给少年朋友的名篇，相信读过这篇作品的读者都会将那盏珍贵的小橘灯珍藏在心底。你心里是不是也有一盏小橘灯呢？

沈从文

[1902—1988]
湖南凤凰人

★ 成就：著名文学家，文化史专家，历史文物研究者。曾任教于北京大学。

代表作：《边城》《长河》《湘行散记》等。

阅读关键词：知错就改

迷途知返的沈从文

　　沈从文出生在湖南凤凰，那里山不高而秀雅，水不深而清冽。生活在这样一个山清水秀、民风淳朴的地方，沈从文从小就天真洒脱中带着一股子野劲儿。

　　小时候的沈从文是一个逃课大王，别人在跟着老师好好上课时，他却在外面跑着野。他不喜欢在学堂里死读书，是因为他认为认字太容易，况且，课堂外的世界还有更多的问题等他来解答，而"四书""五经"并不能给他答案；并且在野的过程中，他收获了很多新鲜的声音、新鲜的气味。白天接收了大量新鲜的信息，入夜之后他还在兴奋中，做起了各种各样奇怪的梦。沈从文说："能逃学时我就逃学，不能逃学时我就只好做梦。"

　　有一次，特别喜欢看木偶戏的沈从文，知道村子里来了木偶戏剧团，他又一次逃课。那天木偶戏演的是孙悟空过火焰

山。沈从文看得捧腹大笑①。一直看到太阳落山，他才意犹未尽②地回到学校。这时，同学们都早已放学回家了。

第二天，沈从文刚进校门，老师就严厉地责问他昨天为什么旷课。他羞红着脸，支支吾吾③地答不上来。老师气得罚他跪在树下，并大声训斥④道："你看，这楠木树天天往上长，而你却偏偏不思上进，甘愿做一个没出息的矮子。大家都在用功读书，你却偷偷溜出去看戏。要知道，一个人只有尊重自己，才能得到别人的尊重。"

老师的一番话，使沈从文羞愧地低下了头。他暗暗发誓，一定要记住这次教训，做一个受人尊重的人。此后，沈从文一直严格要求自己，约束自己，通过自己的努力，最终成了著名的作家。

好词解释

①捧腹大笑：用手捂住肚子大笑。形容遇到极可笑之事，笑得不能抑制。

②意犹未尽：还没有尽兴；意思还没有全部表达出来。

③支支吾吾：说话含混躲闪；用含混的话搪塞。

④训斥：严厉地或正式地谴责，尖锐地申斥。

精彩句段分析

一个人只有尊重自己，才能得到别人的尊重。

一个人，如果连自己都不尊重自己，而只是放任自流地成长，又怎能让别人来尊重你呢？一句话道明了受人尊重的奥秘。

"知错就改，善莫大焉"，说的是一个人犯了错误后，能够认识并及时改正错误，就是最好的事情。沈从文的故事就明确地告诉了我们这一点。

读后问一问

你犯过什么错误？有没有及时地改正？

金 庸

[1924—2018]
浙江海宁人

★ 成就：当代武侠小说作家、新闻学家、企业家、社会活动家，"香港四大才子"之一。

★ 代表作：《射雕英雄传》《神雕侠侣》《倚天屠龙记》《天龙八部》等。

阅读关键词：谦卑

谦卑的"大侠"金庸

他的作品影响了一代又一代的人，他的很多作品都被拍成了电视剧，很多明星都主演过他的作品，他就是一代武侠小说泰斗①金庸。

金庸，新派武侠小说最杰出的代表作家，创作了多部脍炙人口的武侠小说，包括《射雕英雄传》《神雕侠侣》《倚天屠龙记》《天龙八部》《笑傲江湖》《鹿鼎记》等。

凡是有华人的地方，就一定有金庸的武侠小说。从 20 世纪 50 年代末至 70 年代初，金庸共创作武侠小说 15 部，取其中 14 部作品名称的首字，可概括为："飞雪连天射白鹿，笑书神侠倚碧鸳。"金庸继承了古典武侠技击小说的写作传统，又在现代的阅读氛围中对这一传统进行了空前的技法与思想革新，开创了"新派武侠"的风格。

金庸出生在书香世家，家里藏书十分丰富，可以说，他是在书堆中长大的。尽管幼时有很多书会看不懂，但古书、新书他照样本本都不放过。

8岁那年，金庸无意中看到武侠小说《荒江女侠》，"琴剑二侠"的行侠生涯深深地吸引了他。这是他看到的第一部武侠小说。之后，他到处搜罗武侠小说，一睹为快，每次都是如痴如醉，想要在第一时间看完。此时的他还没想到，若干年之后，他自己创作的武侠小说也使无数读者像他一样如痴如醉。

金庸写的武侠小说，部部经典。在读者眼中，他博古通今，历史、政治等各类知识信手拈来②，可他自己仍然觉得自己学问不够。因此即使是在获得剑桥大学授予的荣誉博士学位后，他依然坚持选择作为一名普通学生申请就读剑桥大学的博士学位，那时的他已经是81岁高龄。

在剑桥读书时，金庸同普通学生一样，背着双肩包，里面放满了课本。他主动摒弃知名作家的光环，他做的一切都"不为学位，只为学问"。

在金庸眼里，任何时候学习都不算晚。永远保持一颗谦卑的心去探索人生中的未知，自尊而不自负，骄傲而不自满，这也是我们每个人都必须修炼的一部武功秘籍。

①泰斗：泰山北斗。指德高望重或有卓越成就而为众人所敬仰的人。

②信手拈来：多指写文章时能自由纯熟地选用词语或应用典故，用不着怎么思考。

精彩句段分析

永远保持一颗谦卑的心去探索人生中的未知，自尊而不自负，骄傲而不自满，这也是我们每个人都必须修炼的一部武功秘籍。

文中这最后一句话，是对全文的主题思想提炼，是对金庸成长经历中向上力量的高度总结，也是对读了这篇文章的读者最大的教益。为人唯有谦卑、虚心，才能有气度海纳百川。自尊自爱，但不自高自大；骄傲自豪，但不自我满足。虚心求教，不倦探索，我们才能成为自己的"武林至尊"。

阅读收获

金庸不但是现代武侠小说的集大成者，也是中国文学史上不可忽视的一代名家。任何人取得突出的成就都不是轻而易举的事，金庸有如此成就，和他从小在书堆里长大，和他一生孜孜不倦于知识探求有着很大的关系。可见从小多阅读对一个人的成长起着多么关键的作用。更难能可贵的是，谦卑的金庸在81岁高龄依然再回校园，只为学问，不为学位，实在可敬！

读后问一问

你对"不为学位，只为学问"这句话怎么理解？

★ 三　毛

[1943—1991]
浙江舟山人

☆ **成就：** 所创作的一系列文学作品深受全世界华人读者喜爱，历久不衰。

☆ **代表作：**《梦里花落知多少》《雨季不再来》《撒哈拉的故事》等。

阅读关键词：痴迷

爱书成痴的三毛

　　一代才女三毛虽然英年早逝，但她的作品却影响了很多人。那么，三毛是如何走上文学创作之路的呢？

　　三毛 3 岁时就开始看书，虽然一开始是《三毛流浪记》之类没有文字的图画书，但渐渐地因为对书里的内容有着强烈的好奇心，凡是书里有插画的儿童书，她都会拿来看看。再稍大一点，三毛开始看类似《木偶奇遇记》《格林童话》《安徒生童话集》之类的书，不懂的就拿着书去问哥哥姐姐。可以说，三毛是先看书后认字的。

　　上了小学，认识了一些字，三毛觉得课本实在太简单，于是开始翻看哥哥姐姐的书，知道了一些作家的名字，如鲁迅、巴金、郁达夫等。当然，对于一个书迷来说，这点书怎么够看？为了租书看，一向很听话的三毛成了最不讲理的孩子，无休无止①地缠着母亲要零钱。

很快，三毛看完了租书店里所有的儿童书，又开始向其他类别的书籍发起进攻，如《堂吉诃德》《飘》《傲慢与偏见》等世界名著，并为此流连忘返②。庆幸的是，父母从来没有阻止过三毛看书。

那时候，三毛是一个跟生活脱了节的 11 岁的小女孩，除了那些被人称为"闲书"的东西之外，几乎没有什么朋友，因为她实在忙得没有时间去交朋友。在她看来，最快乐的时光，就是搬把小椅子，远远地离开热闹的人群，到院中墙角的大树下，让书带她去另一个世界。

也是在那个时候，三毛想："文学的美，终其一生③，将是我追求的目标了。"

好词解释

①无休无止：没完没了，无穷尽。休，停止。

②流连忘返：留恋不止，舍不得离去，忘记了返回。

③终其一生：耗尽一生。形容人的执着和坚定。

精彩句段分析

文学的美，终其一生，将是我追求的目标了。

文学之美，在于优美的文字，在于饱满的情感，更在于它给予我们的感同身受。如果一个人将文学之美作为此生追求的目标，那么他的人生将是丰富而充实的。

阅读收获

书于三毛而言，是有魔力的。这个故事告诉我们：要想成为一个写书的人，成为一个文学家，就必先成为一个爱读书的人。

文中提到三毛读过的那些书你看过几本？你准备什么时候看完这些书？

余秋雨

[1946—]
浙江余姚人

★ 成就：中国著名文化学者，建立了时间、空间、人格、审美意义上的中国四大著述系列。

★ 代表作：《文化苦旅》《山居笔记》等。

阅读关键词：珍惜

余秋雨饿肚子饱读书

余秋雨小时候生活在农村，母亲是村里唯一的文化人。为了提高村人的文化水平，母亲办了一个免费的识字班。余秋雨虽然还小，但因为常跟母亲在一起，耳濡目染①，竟然也认识了不少字。

为了学习更多文化知识，在 4 岁那一年，余秋雨就上了学。小学里有一个图书馆，但书并不多，根本不够学生们看。老师就想出了一个办法：写 100 个毛笔小楷字才可借一本书。识字本来就比同龄人多的余秋雨当然不会放过这个看书的好机会，所以每次都是写得又快又好。余秋雨的毛笔字，就是在那时打下的根基。

余秋雨在回忆那段日子时，曾说："我正是用晨昏的笔墨，换取了享受《安徒生童话》《格林童话》《伊索寓言》的权利。直到今天，我读任何一本书都非常恭敬，那是从小养成的习惯。"

余秋雨11岁的时候，举家迁往上海。余秋雨原想着上海的中学图书馆大，应该有看不完的书。没想到进了学校才知道，每天借书都要排长队，而且想借的书十次有九次都已经被借出去了。后来，余秋雨四处打听，终于获知有一个叫"上海青年宫图书馆"的地方借书比较方便，就立即去申办了一张借书证。

为了去青年宫图书馆借书，余秋雨放学后要步行一个多小时，往往是找到书还没坐下来读几页，图书馆就要关门了。为了多读几页书，一个十三四岁的男孩子，每天忍着饥饿走一个多小时，看完再走一个多小时回家，这种如饥似渴的求知精神怎能不让人为之感动呢？

少年时那段来之不易②的艰辛的阅读时光，为余秋雨日后的文化之旅打下了坚实的基础。

好词解释

①耳濡目染：耳朵经常听到，眼睛经常看到，不知不觉地受到影响。

②来之不易：得到它不容易。表示财物的取得或事物的成功是不容易的。来之，使之来。

精彩句段分析

余秋雨在回忆那段日子时，曾说："我正是用晨昏的笔墨，换取了享受《安徒生童话》《格林童话》《伊索寓言》的权利。直到今天，我读任何一本书都非常恭敬，那是从小养成的习惯。"

这是余秋雨多年后对童年时期读书生活的回忆，为了借到书读，他不辞辛苦地写毛笔字，这让他更加珍惜每一本来之不易的书，并成为习惯受用一生。

阅读收获

余秋雨小时候为了多读点书宁肯饿着肚子，他珍惜每一次的阅读机会，珍惜每一本来之不易的书，这才使得他最终在文学上取得突出的成就。无论想要达到什么样的目标，怀着虔诚的心，珍惜把握每一个机会，并坚持下去，才能最终有所收获。

读后问一问

你最喜欢的书是什么？你有哪本书是来之不易的？

林清玄

[1953—2019]
台湾高雄人

成就：台湾作家中最高产的一位，也是获得各
类文学奖最多的一位，被誉为"当代散文八大
作家"之一。

代表作：《菩提十书》《生命的化妆》等。

阅读关键词：坚守理想

坚守理想的林清玄

写了很多鼓舞人心、劝人向善向上的美文的林清玄，小时候却是家境极为贫寒的，家里单是兄弟姐妹就有十几个。童年在林清玄的记忆中就是：从来没有一天吃饱过饭。

在林清玄上小学三年级时，为了更好地养家，父母养了三千多只鸡。天还没亮，林清玄就要去喂鸡、捡鸡蛋，放学回来又要马不停蹄①地继续去喂鸡。为生活起早贪黑的父母，别说辅导他功课了，就连最基本的一日三餐都无法按时提供。林清玄常常是一天只吃一个馒头，实在饿得无法忍受了，只好灌一肚子水来充饥。

就是在这样的家庭环境中，林清玄立志长大要当一名作家。可林清玄怎么也没有想到，第一个嘲讽他的人就是父亲。父亲不但骂他傻，还称"怎么也轮不到你"。好在，林清玄还

有来自母亲的鼓励。

母亲不仅鼓励他，还给了他很多指点。母亲说："要少写辛酸的故事，多写有趣的故事。别人读你的文章，是希望在你的文章中得到启发，得到安慰，得到智慧，而不是读了文章后反而跑到窗口跳下去。如果那样，这文章就没有任何意义。"林清玄不解地问："那如果我碰到辛酸的事情怎么办？"母亲说："躲在被窝里哭一场就好了。"

母亲的鼓励与指点深深地影响了林清玄，不但让他真的实现了梦想成为了大作家，而且写出来的文章篇篇是美文，篇篇都充满着正能量②。

好词解释

①马不停蹄：指马不停止跑动。比喻一刻也不停留，一直前进。

②正能量：一种健康乐观、积极向上的动力和情感。

精彩句段分析

要少写辛酸的故事，多写有趣的故事。别人读你的文章，是希望在你的文章中得到启发，得到安慰，得到智慧，而不是读了文章后反而跑到窗口跳下去。如果那样，这文章就没有任何意义。

母亲的这一番话本身就充满着智慧，不仅影响了林清玄，而且也让我们知道了写文章的准则——为文要鼓舞人心，引人向善向上。

阅读收获

　　成长环境再不好，别人的嘲讽再刺耳，只要自己不放弃梦想，就谁也无法动摇。林清玄之所以能最终有所成就，正是因为自己坚守了最初的梦想。

读后问一问

　　你的梦想是什么？你的父母对你的梦想是什么态度？有什么忠告吗？

莫　言

[1955—]
山东高密人

★ 成就：第一个获得诺贝尔文学奖的中国籍作家。通过幻觉现实主义将民间故事、历史与当代社会融合在一起。"寻根文学"作家。

★ 代表作：《红高粱家族》《檀香刑》《蛙》等。

阅读关键词：生活积累

用耳朵阅读的莫言

　　莫言出生在农村，而且他的童年时期正值中国发生了大规模的自然灾害，生活十分困苦。即便是这样，他的父母还是将他送进了学校。

　　莫言从小就非常喜欢阅读。那时候，因为大家的生活条件都不好，吃饱肚子都是问题，更不用说给人提供精神食粮的图书了。没办法，渴望阅读的莫言就四处去借书看。周边十里八村所有能找到的书，几乎都被他找遍了、读遍了。

　　能借到的书，也是别人家仅有的，所以，别人都<u>视若珍宝</u>①，就让莫言快借快还。借读《青春之歌》的时候，人家只准他借书一天，不管看不看得完，第二天必须还。可莫言除了要上学，放学回来还要放羊，怎么办？没办法，对书的喜爱让他不顾一切地跑到一个草垛上躲了起来，放羊这个"本职"工作被放到了一边，羊儿饿得咩咩叫，他读得<u>忘乎所以</u>②。

　　还有一次，他为了借一本书看，答应帮人家推磨，推十圈才能看一页。一本书看下来，推磨推得晕头转向，可回想书中内容，他仍旧觉得自己收获颇丰。

　　可即便是这样，在那样的年代里，能读到的书也是非常有限。大多数的时间里，都是无书可读的。好在那个时候，村子里经常有"走江湖"的说书艺人，《三侠五义》《三国演义》《水浒传》的故事，经常被这些走街串巷的说书艺人以最通俗易懂的形式讲出来。莫言就追着去听，说书艺人在周边十里八村里转场，莫言也跟着人家转场。

　　除了这些，村子里的老人、家里的父母，甚至那时的每个小伙伴，几乎人人都会讲一些新奇甚至恐怖的故事。莫言就津津有味地听，听多了，自己就开始胡思乱想。有一次，在村头一个老人家听了一个恐怖故事。故事听完，自己一个人回家。夜色漆黑，只有他一个人在路上走，听到背后有人嘿嘿笑，可是回头又没有人。还有一个晚上，莫言都走到自家大门口了，回头看看，看到村外远处的田野里，好像有一个橘黄色的球，被两只狐狸抛来抛去……这些民间故事、传说，甚至他自己在那些夜晚的"胡思乱想"，最后都成了莫言创作的精彩素材。

　　一位儿时的伙伴就曾经对后来成了大作家的莫言说："咱小时候听到的那点儿事儿，我们听听也就忘到脑瓜后边去了，你竟然还都记得，还都写到你的书里去了！"

　　在一次与作家同行的交流过程中，莫言就曾经说过："你们在用眼睛看书时，我是在用耳朵阅读！"

　　①视若珍宝：形容十分珍爱，将其当成无价之宝。

②忘乎所以：意思是指由于过度兴奋或骄傲自满，而忘记了言行应该把握的分寸。也说"忘其所以"。

精彩句段分析

你们在用眼睛看书时，我是在用耳朵阅读！

莫言的这句话是对这篇故事的中心彰显，也是莫言读书成长经历、少年时期"阅读"方法的高度凝练。"用眼睛看书"和"用耳朵阅读"有什么不同呢？表面是眼睛看和耳朵听的区别，更深层次的不同，其实莫言是在告诉我们：读书，不仅仅要用眼睛"读万卷书"，更应该用耳朵去听周围最生活化的语言，听最真实的身边的声音，用脚步去丈量"万里路"，用心去感知真善美，这些来自书本之外的真实的存在才是我们更应该去捕捉的写作素材。

阅读收获

本文讲述了大作家莫言在自己的成长道路上，在艰苦的生活下，依然热爱着阅读的故事。热爱阅读，是我们每个人成长的必备。但在没有充足的图书阅读条件的情况下，我们也可以"用耳朵听""用眼睛看""用心感知"我们身边的人与事，感知我们真实生活里的真善美，这些都会成为我们日后创作的素材。

读后问一问

你曾经有过借书阅读的经历吗？把你借书阅读的故事及感受与你的爸爸妈妈分享一下哦。

快乐闯关

　　小朋友，看到这里，你是不是对我国近现代的文学家有了更多的了解呢？究竟了解了多少呢？别急，先闯关检验一下吧！

一、对号入座：快把正确的作家名字写在横线上。

1. ＿＿＿＿＿＿＿ 被誉为"民族魂"。

2. 《稻草人》的作者是 ＿＿＿＿＿＿＿。

3. 写过《女神》《星空》，又是中国新诗的奠基人的是 ＿＿＿＿＿＿＿。

4. 名篇《落花生》的作者是 ＿＿＿＿＿＿＿。

5. 新中国第一位获得"人民艺术家"称号的作家是 ＿＿＿＿＿＿＿。

二、只记住人名还不够，还要记住他们的代表作哟！

朱自清　　　　　　　　《边城》

梁实秋　　　　　　　　《围城》

茅　盾　　　　　　　　《寄小读者》

钱锺书　　　　　　　　《子夜》

冰　心　　　　　　　　《背影》

沈从文　　　　　　　　《雅舍小品》

三、你是不是词库小达人呢？试着把下面的四字词语补充完整吧。

争（　）斗（　）　　镇（　）自（　）

诚（　）诚（　）　　（　）（　）兢兢

目（　）识（　）　　如（　）至（　）

形（　）不（　）　　刮（　）相（　）

绘（　）绘（　）　　捧（　）大（　）

恋恋（　）（　）　　（　）濡（　）染

如（　）似（　）　　（　）不停（　）

标（　）立（　）　　念念（　）（　）

四、请抄写以下名句，要工整书写，边写边记！

时间，就像海绵里的水，只要愿意挤，总还是有的。——鲁迅

自古雄才多磨难，从来纨绔少伟男。——《劝学》

话说天下大势，分久必合，合久必分。——《三国演义》

一个是阆苑仙葩，一个是美玉无瑕。——《红楼梦》

五、中国近现代的这些文学家所著的书中，你最感兴趣的是哪两本？
　　请写出你的阅读计划吧。

莎士比亚

[1564—1616]

出生地：英国

★ 成就：英国文学史上最杰出的戏剧家，也是欧洲文艺复兴时期最重要、最伟大的作家，全世界最卓越的文学家之一。

★ 代表作：《哈姆雷特》《罗密欧与朱丽叶》等。

阅读关键词：积极乐观

莎士比亚的戏剧种子

　　莎士比亚作为文学巨匠，他的经典巨著为后人提供了无尽的创作灵感，那莎士比亚本人的创作灵感又来自何处呢？

　　莎士比亚出生在一个商人家庭，父亲对他寄予了很高的期望，所以在莎士比亚六七岁的时候，父亲就将他送进一所很有名气的文法学院学习。莎士比亚在那里一待就是六年，在那里也接触到了一些古罗马时期的诗歌和戏剧。

　　但不幸的是，在莎士比亚13岁时，父亲破产了，一家人的生活陷入困境。莎士比亚只好中途退学，帮助家里分担家务。莎士比亚当过肉店学徒，也曾经在乡村学校教过书。但生活的困苦并没有打倒他，他反倒乐观地认为这使自己增长了许多社会阅历。

　　每年都有一些剧团来到莎士比亚所在的小镇上演出，这些演出在莎士比亚心里播下了戏剧的种子。他惊奇地看到，几个

演员凭借一方小小的舞台，竟能演出一幕幕变幻无穷的精彩戏剧来：一会儿再现古代世界，一会儿描绘现实人生；有时候让人捧腹大笑，有时候催人泪下。多么神奇！他的心完全沉浸在了戏剧里。他暗暗下定决心：一定要从事可以演绎世间百态①的戏剧事业。

莎士比亚知道，当个戏剧家，就要懂得许多知识。因此，他像一头小牛闯进了菜园，贪婪地读着哲学、文学、历史等多方面的书本，还自修了希腊文和拉丁文。时间一长，他就变得相当博学了。

莎士比亚始终保持着这份积极乐观的心态，走在追随戏剧的路上。后来具有里程碑②意义的剧本《罗密欧与朱丽叶》问世，莎士比亚在世界文学史上的崇高地位得以确立。

好词解释

①世间百态：世界上的各种形态。

②里程碑：比喻在历史发展过程中可以作为标志的事件。

精彩句段分析

因此，他像一头小牛闯进了菜园，贪婪地读着哲学、文学、历史等多方面的书本，还自修了希腊文和拉丁文。

把好奇又好学的莎士比亚比作一头闯进菜园的小牛，意在突出他为了成为一名戏剧家，竭力提高自己多方面知识量的刻苦程度。

阅读收获

莎士比亚少年时经历了家庭的变故与磨难，仍旧积极乐

观地面对生活，并遇到了甘愿为之付出一生的事业——戏剧，最终取得了很大的成就。无论什么时候，我们都要积极面对挫折，这样才不会错过可能改变一生的机遇。

学习中遇到拦路虎时，你是积极面对，勇敢战胜它，还是畏首畏尾，缴械投降呢？

伏尔泰

[1694—1778]
出生地：法国

★ 成就：法国启蒙思想家、文学家、哲学家，18世纪法国资产阶级启蒙运动的泰斗，被誉为"法兰西思想之王""欧洲的良心"。

★ 代表作：《哲学通信》《路易十四时代》等。

阅读关键词：天赋

伏尔泰三岁背寓言

伏尔泰出生在法国巴黎一个富裕的家庭里，他是这个家中最小的孩子。良好的家境使他从小就接受了系统的教育。他的父亲爱好文学，在父亲潜移默化①的影响下，伏尔泰很小的时候就痴迷文学。

不仅如此，父亲发现伏尔泰在文学上有着极高的天赋，比如背诵能力很强。小伏尔泰3岁时，就能把拉·封丹寓言中的一则故事完整地表述下来。

那天父亲从外面回到家，刚进门就听到小伏尔泰在兴奋地自言自语，于是父亲偷偷躲起来，想看看他到底在搞些什么名堂。原来，小伏尔泰竟然是在给自己讲故事，还伴随着动作和表情变化，简直就像在表演戏剧。

父亲惊喜地发现，小伏尔泰表演的故事并不陌生，好像是拉·封丹寓言中的一则。父亲赶忙拿来这本书，翻开看了看，

故事情节果然一致，甚至连文字内容都一模一样，这实在是让人觉得<u>不可思议</u>②。父亲亲昵地把小伏尔泰抱进怀里，不停地称赞他。这么有天赋的小伏尔泰让父亲感到无比骄傲。

从此，父亲更加重视从各方面提高伏尔泰的文学修养。伏尔泰自己也希望长大后能成为一名诗人，于是从 12 岁开始，他便尝试着创作诗歌，16 岁时，就已经写得非常出色了。后来，他的文学才能进一步发展，他用文字讽刺教皇的黑暗，推动启蒙运动的发展，而辛辣的笔调也成了他在世界文学史上的标签。

好词解释

①潜移默化：指人的思想或性格不知不觉中受到感染、影响而发生了变化。

②不可思议：指无法想象，难以理解。

精彩句段分析

那天父亲从外面回到家，刚进门就听到小伏尔泰在兴奋地自言自语，于是父亲偷偷躲起来，想看看他到底在搞些什么名堂。原来，小伏尔泰竟然是在给自己讲故事，还伴随着动作和表情变化，简直就像在表演戏剧。

这句话描述了父亲看到 3 岁的伏尔泰自己给自己讲故事时的画面，将语言、动作、神态结合，展现了一个活泼可爱的孩童形象，也凸显了伏尔泰极具文学天赋的一面。

阅读收获

伏尔泰从小就展现出了在文学方面的天赋，父亲为此感到惊喜并积极培养他的文学才能。每个人都有自己最擅长的事情，找到它并坚持做下去，你也终将会拥有一项过人的本领。

读后问一问

你的特长是什么？你打算在这一方面取得什么样的成绩呢？

歌 德

★

[1749—1832]
出生地：德国

☆ 成就：最伟大的德国作家之一，也是世界文学领域出类拔萃的光辉人物。

☆ 代表作：《浮士德》《少年维特之烦恼》等。

阅读关键词：想象力

有想象力的歌德

　　歌德小时候很受父母的疼爱，父母也十分注重他的教育问题。父亲认为自己有知识，有能力，不信任公立学校的教师，所以歌德少年时期的学习主要是在父亲的传授中完成的。

　　在歌德的心目中，父亲是极为严厉的。好在母亲却是用不同于父亲的温柔体贴的爱，安抚、呵护、激励着歌德，常常把他放在膝头，讲述各种各样有趣的故事给他听。母亲的语言表达能力很强，词汇也十分丰富，歌德常常听得如痴如醉①。这也促使歌德对学习始终有着浓厚的兴趣，并培养了他对于文学的正确理解。

　　母亲讲故事的方式也与众不同②，为了培养歌德的想象力，她采用启发的形式来讲述故事。每次讲故事时，她并不是一次性地把故事讲完，而是讲到一定阶段，或讲到关键时刻，就会突然停止，然后让歌德自己去猜想后面的故事发展，甚至让他猜测故事的结局。

歌德总是一脸认真地给出各种猜想，有时还跑去跟家人认真商量、探讨。第二天，母亲继续讲故事之前，会让歌德说出自己设想的情节，他的设想常常让母亲感到意外。而每次听完歌德的设想，无论优劣，母亲都会给予他更多的鼓励。

这样特殊的"故事接龙"的方式，不但使歌德在文学方面受到了良好的熏陶，而且也最大限度地激发了歌德的想象力。一直到成年，对于儿子的作品，母亲都是凡有必读，并总能给予恰如其分③的评论。歌德深有感触地说："从父亲那里，我得到一副强壮的体魄和做一个正直人的人生观；从母亲那儿，我则继承了她乐观的性格和对于语言的表达能力。"

也正是因为拥有了这样良好的家庭教育，成年后的歌德才能写出不止一部流传于世的名著。

好词解释

①如痴如醉：形容神态失常，失去自制。

②与众不同：跟大家都不一样。

④恰如其分：指办事或说话正合分寸。

精彩句段分析

每次讲故事时，她并不是一次性地把故事讲完，而是讲到一定阶段，或讲到关键时刻，就会突然停止，然后让歌德自己去猜想后面的故事发展，甚至让他猜测故事的结局。

母亲给歌德讲故事时采用了与众不同的方式，只讲一部分，剩下的部分留给孩子自己去想，目的是让孩子学着自己去联想，激发孩子的想象力、创作力以及对学习的兴趣。

除了接受了良好的家庭教育，想象力于歌德的创作而言也是功不可没的。我们在阅读的过程中，也可以试着自己去猜测、想象故事的发展，或者尝试新的解决方案，即便结局只有一个，解决事情的方案却可以是无穷的。

读后问一问

你有什么独特的学习方法吗？与大家分享一下吧！

巴尔扎克

[1799—1850]
出生地：法国

★ 成就：现代法国小说之父，欧洲批判现实主义文学奠基人。

★ 代表作：《人间喜剧》《高老头》《欧也妮·葛朗台》等。

阅读关键词：坚韧不拔

废寝忘食的巴尔扎克

　　巴尔扎克从小爱好文学，父亲却希望他学习法律，父子二人经常为这件事争论不休。后来父亲决定给他两年的时间，如果两年后巴尔扎克还没有在文学上取得成就，那就要听从父亲的安排开始学习法律。

　　于是，巴尔扎克把自己关在房间里开始拼命创作。写一篇不过关，就写10篇；写10篇还不行，就再写100篇。即使写了1000篇还没有成功，他也不会丧失信心。他始终坚信，只要有决心、肯努力，自己就一定能在文学上取得成绩。

　　一段时间的写作训练后，巴尔扎克意识到自己的知识储备和写作经验都有些捉襟见肘①。于是，他开始拼命阅读世界文学名著，整天待在图书馆和书店，总是来得最早，离开得最晚。有一次，他在图书馆里看书太认真，忘记了时间，图书馆的工作人员下班了，也忘了告诉他一声。第二天早晨，图书馆的工

作人员来上班了，发现他竟然还在看书。可见巴尔扎克看书真的到了废寝忘食的地步。

巴尔扎克还有一个习惯，就是他写起文章来不会见任何客人，甚至也不让家人进他的房间。经过几年的努力，巴尔扎克出版了小说《朱安党》，获得了一致好评。之后他又陆续完成了《人间喜剧》等一百多部不朽之作，确立了他在世界文学史上的地位。

巴尔扎克是如何利用短暂的时间进行这么多创作的呢？在没有名气的时候，他专注写作、废寝忘食的故事，就已经被传为佳话。即便后来成名了，他也丝毫没有松懈。

他的创作时间表是这样的：从半夜到第二天中午，在房间里工作12个小时，修改稿件和写作；中午到下午4点阅读报刊，5点吃饭，5点半上床睡觉，到半夜又起来工作。法国一位传记作家曾说："巴尔扎克的每3天就得重新装满一次墨水瓶，得用掉10个笔头。"

他每创作一部作品，就会将原稿和修改稿好好保存，再装订起来，作为礼物赠给好朋友。如今，巴尔扎克个性鲜明的作品，已经成为世界文学史上不可多得的瑰宝。

巴尔扎克一生坚持创作的故事告诉我们：要想在有限的时间里取得成就，没有坚韧不拔的意志和争分夺秒的精神是很难实现的。

好词解释

①捉襟见肘：拉一下衣襟就露出了胳膊肘儿，形容衣服破烂，也比喻顾此失彼，应付不过来。

精彩句段分析

※ 即使写了1000篇还没有成功，他也不会丧失信心。他始终坚信，只要有决心、肯努力，自己就一定能在文学上取得成绩。

※ 在没有名气的时候，他专注写作、废寝忘食的故事，就已经被传为佳话。即便后来成名了，他也丝毫没有松懈。

这段话充分说明了巴尔扎克无论成名前还是成名后，做事都有着坚定的决心，同时具备专注、刻苦的优良品质。

阅读收获

巴尔扎克的故事告诉我们：没有人能随随便便成功，大人物也是从小人物演变而来的。当然，小人物如果具备大人物所具备的优秀品质，比如坚韧不拔、刻苦努力，也一定会会取得成功的。

读后问一问

巴尔扎克具备的这些优良品质，你现在具备了多少？

雨 果

[1802—1885]

出生地：法国

★ 成就：19世纪前期积极浪漫主义文学的代表作家，被称为"法兰西的莎士比亚"，在法国及世界有着广泛的影响力。

★ 代表作：《巴黎圣母院》《悲惨世界》等。

阅读关键词：努力

母爱是雨果的第一任老师

巴黎圣母院是古老巴黎的象征。由雨果创作的世界名著《巴黎圣母院》故事的发生地正是此处。

雨果出生在一个职业军人家庭，祖辈几代人没有一个从事文学创作的。他是在母亲的引导和培养下，依靠自己的聪慧和勤奋叩开文学大门的。

母亲看雨果喜欢读书和写东西，就鼓励他长大后当个大作家。雨果看书时，母亲就陪在他身边，给予他指导。外出散步时，母亲也陪在他身边，和他一起观察事物。母亲一向节俭。有一次，雨果看到别的同学穿着时髦的服装，不禁动了心。但是，一向在精神需求方面对孩子有求必应的母亲，很不以为然地提醒雨果：一个人的价值在于他的才学，而不在他的衣饰。

在母亲的正确引导下，雨果也渐渐养成了节俭的好习惯，

不和别人比吃穿，把时间都用在学习、读书和写作上。凡是读书、写作所需要的物品，母亲从来都是大力支持的，给雨果买书买本时从不吝啬。雨果也很懂事，一个本子，常常正反都用来创作。

雨果爱写诗，但学校老师不允许。母亲觉得孩子写诗没有错，正当的兴趣父母应当支持。她鼓励儿子去从事心爱的诗歌创作。不管雨果自认为写得有多糟糕，母亲都认为他前途不可估量①。她从如此努力、坚持不懈的儿子身上，看到了儿子的未来，她热切地期待儿子的杰作问世。

同时，母亲常在周末打发雨果去图书馆看书，还要雨果帮她挑书带回家。也是在这个时候，雨果在大量的书籍里接触到了一些经典著作，并且在广泛的阅读过程中，对文学的兴趣越发浓厚，对文学创作的理解也越来越深刻。他这个时期读过的许多书，都为他后来的小说和戏剧创作提供了丰富的素材。

"严厉的、有保留的温情，正常的、严格的纪律，既不让孩子们放任自流②，也不使孩子们事事不知。经常进行一些富有教育意义的严肃的谈话，这便是那种如此深沉、专注、细心的母爱的主要特征……"雨果曾经如此回忆自己的母亲。如果没有母亲这么深沉、专注、细心的呵护与培养，就不会有在努力之后写出巨著的雨果。当然，如果不是雨果，巴黎圣母院也不会作为一个文化符号闻名于世。

好词解释

①不可估量：难以估计。
②放任自流：任凭事物自由发展，而不做干涉。

精彩句段分析

一个人的价值在于他的才学，而不在他的衣饰。

人在年少时多是敏感的，又有着虚荣心，但母亲做了正确的指引，才使雨果有了正确的成长方向。我们也要牢记雨果的母亲的这番话，不要在意别人的衣饰，而是让自己变得更有价值。

阅读收获

母亲是孩子的第一个老师，孩子长大后是否有作为，与母亲的培养与引导有着直接的关系。雨果的母亲，是严厉的，也是温情的；是深沉的，也是细心的。她是值得每个母亲都来学习的好榜样。

读后问一问

你和同学比过吃穿吗？你认为这样做对吗？为什么？

★ **霍　桑**

[1804—1864]

出生地：美国

★ 成就：美国心理分析小说的开创者，美国19世纪最伟大的浪漫主义小说家。

★ 代表作：《红字》《七角楼房》等。

阅读关键词：大爱

霍桑的大爱之心

　　霍桑是美国文学史上首位写作短篇小说的作家，那么小时候的霍桑又是什么样的呢？

　　霍桑很小的时候，父亲就因病去世了，他不得不跟着母亲投奔到外公家。本就是寄人篱下，母亲又不善言辞，只是过着默默守寡、度日如年①的阴晦日子。这些直接影响了霍桑的性格形成，后来的他孤高清冷，敏感多疑，内心常有一种"痛苦的孤独感"。

　　霍桑依靠着亲人的接济才能去上学。学校离家有些远，霍桑需要骑单车才可以到学校。和同学们崭新的单车相比，霍桑的单车特别破旧，生性敏感的他总觉得同学们会看不起他，所以宁愿每天早起一个小时步行上学。

　　一个偶然的机会，霍桑知道外公买的彩票中了100美元，于是鼓足勇气，试探着问外公能不能给他换辆新的单车。没想到外公竟然拒绝了。霍桑特别难过，认为外公冷血。谁知外公

后来竟然告诉他，这笔钱是要用来捐赠的，捐给抗疟疾的慈善组织。霍桑更是不解，在外公眼里，难道自己还不如那些陌生的病人？敏感、多疑的他越发觉得自己在这个世上是那么孤苦无依②。

外公或许看出了霍桑的心思，就把他叫到跟前，问他如果他现在是严重的疟疾患者，快要失去生命，却没有钱医治，是不是特别希望有人能捐赠一笔钱给他？霍桑点点头。外公又说："只有我们不吝于向别人提供帮助，才会有人在我们需要帮助的时候伸出援助之手。孩子，别忘了你父亲是怎么患病去世的……"

外公的一番话让霍桑羞愧地低下了头，从此，他知道了什么才是最重要的，这一点深深地影响着他，此后的岁月中，节俭的霍桑在捐赠方面从不吝啬。是外公让他知道钱应该花在正确的事情上。

好词解释

①度日如年：过一天如同过一年那样漫长。形容日子很不好过。

②孤苦无依：生活孤单痛苦，无依无靠。

精彩句段分析

只有我们不吝于向别人提供帮助，才会有人在我们需要帮助的时候伸出援助之手。

外公通过摆事实、讲道理的方式让霍桑学会换位思考，使霍桑明白了捐赠的意义，也让我们明白了：付出的同时也会有收获。

阅读收获

改变内心孤苦的最好方式，就是用大爱去帮助别人。当我们帮助别人的时候，其实也是在帮助我们自己。

读后问一问

你帮助过别人吗？当你得到别人的帮助时是怎样表达感谢的？

安徒生

[1805—1875]
出生地：丹麦

☆ 成就：世界儿童文学的代表人物之一，被誉为"世界儿童文学的太阳"。

☆ 代表作：《海的女儿》《拇指姑娘》《卖火柴的小女孩》《丑小鸭》等。

阅读关键词：坚韧不拔

安徒生的童话小屋

世界著名童话大师安徒生出生在一个贫穷的鞋匠家庭，母亲是小镇上贵族家里的佣人。贫穷的家庭状况使安徒生的童年生活过得困苦孤独，因为小镇上没有人愿意和穷人的儿子交朋友，不可一世①的贵族们甚至不允许自己的孩子和安徒生有半点接触。

对于没有人愿意和安徒生交朋友这件事，父亲感到很生气，但他没有让这种愤懑的情绪感染到儿子，徒增他的烦恼，而是积极地鼓励他，并且决定亲手给安徒生打造一个不输给任何孩子的有趣的童年。

安徒生的家里看起来很糟糕，狭小的屋子被几件破败不堪的家具塞满，没有空地让安徒生玩耍。父亲想，既然没有宽敞的空间，那就把这间小屋装扮得足够特别吧。想到做到，父亲将费心收藏的书籍摆满书架，用捡来的零件制作成各种有趣的装饰品，把破旧的玩具修补好，再在窗上、门上画上漂亮的风景画……在父亲的精心布置下，破旧的小屋变成了一座小小的博物馆。安徒生顿时拥有了无数"朋友"的陪伴。

在这个"小博物馆"里，父亲常常会给安徒生讲书中的故事，从童话故事到伟大的戏剧作品。这些故事深深影响着安徒生。他想象着故事中的场景，拿玩具当道具，惟妙惟肖②地表演起来。他还喜欢上了给玩偶设计服饰，用捡来的破布把玩偶打扮成乞讨的人、苦命的孩子、蛮横的贵族等。父亲鼓励安徒生去观察不同人的生活，比如油嘴滑舌③的市井小贩、霸道的贵族、可怜的穷人等，并鼓励他去感受不幸的人的遭遇，对他们表示深深的同情。

父亲的鼓励和引导，让安徒生从小就对贫苦的人有着很深的同情，并最终用创作童话故事的方式来抚慰人心。后来，安徒生写出了《卖火柴的小女孩》《丑小鸭》等童话故事，成为家喻户晓的童话大师，这些伟大的创作都与他童年时期的经历有着直接的关系。

好词解释

①不可一世：形容目空一切、狂妄自大到了极点。

②惟妙惟肖：描写或模仿得非常逼真。

③油嘴滑舌：耍嘴皮子。

精彩句段分析

想到做到，父亲将费心收藏的书籍摆满书架，用捡来的零件制作成各种有趣的装饰品，把破旧的玩具修补好，再在窗上、门上画上漂亮的风景画……在父亲的精心布置下，破旧的小屋

变成了一座小小的博物馆。安徒生顿时拥有了无数"朋友"的陪伴。

在简陋的环境中，父亲却给安徒生打造了一个童话般的世界。父亲在安徒生童年时用这样的场景设置填补了他缺失的快乐，对他日后成为童话大师有着最直接的影响。

阅读收获

父亲为安徒生的童年时期带来快乐和勇敢生活的勇气，让我们知道，环境能造就人，也能改变人。但我们不要忘记，人也能改变环境。

读后问一问

你喜欢玩偶吗？你平时是如何利用这些玩偶做游戏的？

夏洛蒂

[1816—1855]
出生地：英国

⭐ 成就：19世纪批判现实主义小说家的代表，"现代女性小说"的楷模。

⭐ 代表作：《简·爱》。

阅读关键词：不抛弃不放弃

永不放弃的夏洛蒂

　　世界文学史上有一部特别有影响力的书叫《简·爱》，百余年来，简·爱的形象是不朽的：她出身卑微，相貌平平，但她并不怨怼①由此带来的种种不幸，相反，她仍有着无限信心及坚强不屈的品格，有着不可战胜的内在人格力量。

　　《简·爱》的作者是夏洛蒂·勃朗特，书中的故事可以说是夏洛蒂的半自传。童年时的夏洛蒂很不幸。她5岁时，母亲便患病去世。父亲收入很少，一家人的生活过得很艰苦。好在父亲学识渊博，他常常教子女读书，给他们讲故事，让他们从小就对文学产生了浓厚的兴趣。

　　因为在学校染上了流行伤寒，夏洛蒂的两个姐姐相继去世了。为此，夏洛蒂被父亲接回家，性格也渐渐变得孤僻起来，她所能找到的唯一慰藉，就是任凭想象驰骋，编写一些离奇动人的故事。14岁的夏洛蒂已写了很多小说，这些创作尽管还

很稚嫩，但已表现出相当扎实的文学素养和丰富的想象力，可以说为她以后在文坛上<u>一举成名</u>②做了充分准备。

　　20岁时，夏洛蒂大着胆子把自己创作的几首短诗寄给一位大诗人，然而得到的却是一顿训斥："文学不应该是妇女的事业。"夏洛蒂很伤心，但她并没有因此而丧失信心，仍然默默地坚持写作。

　　后来，夏洛蒂和两个妹妹自费合出了一本诗集，但只卖了两本。不管怎么说，诗集的出版对她们来说总是一件大事，她们的创作热情受到了激励，于是三姐妹又开始埋头创作。这时，夏洛蒂已30岁。她花了将近一年的时间写了长篇小说《教师》，妹妹艾米莉和安妮则分别写了长篇小说《呼啸山庄》和《艾格尼斯·格雷》。令人尴尬的是，最后被出版商挑中的是《呼啸山庄》和《艾格尼斯·格雷》，退回的却是夏洛蒂的《教师》。这对夏洛蒂来说可是个不小的打击，但她并没有退缩，反而憋着一股劲儿，又用了一年的时间写了另一部长篇小说，名叫《简·爱》。

　　《简·爱》交稿后，出版商大为惊喜，很快三姐妹的三部作品全部问世，英国文坛大为震惊。特别是夏洛蒂的《简·爱》被称作"一位伟大天才的杰作"。

好词解释

　　①怨怼：怨恨。怼，表示心里抵触，对抗。

　　②一举成名：原指一旦中了科举就扬名天下。后指一下子就出了名。

精彩句段分析

她出身卑微，相貌平平，但她并不怨怼由此带来的种种不幸，相反，她仍有着无限信心及坚强不屈的品格，有着不可战胜的内在人格力量。

《简·爱》之所以广受欢迎，正是因为夏洛蒂·勃朗特在书中树立的简·爱的形象感动着读者，又激励着读者：无论天生条件多么不足，我们都要保持勇敢向前的坚定信念。

阅读收获

夏洛蒂·勃朗特是不幸的，但坚持不懈的创作却让从小就对文学产生浓厚兴趣的她成为一个幸运的人。伟大的作品能感动人，而从不放弃的作者也能影响人。

读后问一问

生活中，有没有让你觉得自卑的事？你是如何走出自卑的阴影的？

福楼拜

[1821—1880]

出生地：法国

☆ 成就：西方现代小说的鼻祖，对现代小说的审美趋向进行了探索。

☆ 代表作：《包法利夫人》《情感教育》等。

阅读关键词：严谨

严谨的福楼拜

福楼拜出生在一个传统医生家庭，童年是在父亲的医院里度过的。因此，医院特殊的环境影响了他对人生苦难的看法，对他以后的文学创作也带来了很大的影响。

福楼拜天资并不聪慧，9岁才入学认识字母，这也导致了他看上去什么都劣于别人，连性格都是异于常人的腼腆，以至于易于害羞的特质一直如影随形①地困扰着他。

不过在常人眼里智力低下的福楼拜却早早地显露出了文学天赋。最早把他引向文学世界的是家里的女佣人。她是一位讲故事的高手，福楼拜在她旁边一坐就是一整天，打小就接受着浪漫幻想的熏陶。

23岁那年，福楼拜患了一种类似癫痫的病，从此中断学业，本就腼腆的他更是足不出户，开始夜以继日地阅读，后来便专心致志②地从事文学创作。

福楼拜写作靠的不是灵感，而是勤奋。他热衷于修改自己的作品，反复地重抄，不断地推敲，他不允许在同一页两次使用同一个词。

据说莫泊桑初学写作时，曾拜福楼拜为师，经常带着自己的习作去拜访他，请求指教，但总是收到类似回复：我不知道你有没有才气，在你带给我的东西里面表明是有某些聪明，但是，年轻人，你永远不要忘记，才气就是长期的坚持不懈。

还有一次，福楼拜带莫泊桑去了一间杂货店，回来后他要求：请写一篇文章，所写的货商必须是杂货铺里的那个货商，所写的事物只能用一个名词来称呼，用一个动词来表达，用一个形容词来描绘，并且所用的词必须是别人没有用过的。

如此苛刻的要求，换作别人就不写了，但一心想在文学上有所成就的莫泊桑二话没说就答应了。他写了改，改了写，直到老师福楼拜满意为止。后来，莫泊桑开始写剧本和小说，每写一篇都要给福楼拜过目，只要福楼拜觉得有缺陷，他就决不寄出发表。

也正是对学生和自己在写作上的严格要求，福楼拜不仅使自己，也使自己的学生莫泊桑最终成为世人皆知的大文学家。

好词解释

①如影随形：好像影子老是跟着身体一样，形容两个人常在一起，关系十分亲密。

②专心致志：一心一意，集中精神。致，尽，极。志，意志，精神。

我不知道你有没有才气，在你带给我的东西里面表明是有某些聪明，但是，年轻人，你永远不要忘记，才气就是长期的坚持不懈。

在需要指点迷津时，福楼拜的一番话给莫泊桑带来了莫大的鼓励。同时，他的这番话也是在告诉莫泊桑：相比才气，坚持才是最重要的事。

阅读收获

童年和成长环境常常会影响一个人的一生，但并不是不能改变。福楼拜用自己的努力和严谨，不但扭转了自己的人生，还帮助且成就了别人。

读后问一问

你写作文时会反复修改吗？它给你带来的好处是什么？

托尔斯泰

[1828—1910]
出生地：俄国

★ 成就：俄国最伟大的文学家、思想家和改革家，也是世界文学史上杰出的作家之一。

★ 代表作：《战争与和平》《安娜·卡列尼娜》《复活》等。

阅读关键词：悲悯

为爱而生的托尔斯泰

高尔基说过："不认识托尔斯泰者，就不可能认识俄罗斯。"可见托尔斯泰在俄国有着举足轻重①的地位。托尔斯泰，19世纪末20世纪初俄国最伟大的文学家。他所创作的《战争与和平》，一直被称为"世界上最伟大的小说"。

托尔斯泰出身于贵族世家，但不幸的是，母亲在他一岁多的时候就去世了。好在他的父亲很重视家庭教育，也爱好读书，这对童年时期的托尔斯泰影响很大。可是雪上加霜②，在托尔斯泰10岁那年，他的父亲也不幸离世了，他只好跟着姑妈塔吉雅娜生活。

姑妈对托尔斯泰亲切有加，弥补了他失去父母之爱的缺憾。在托尔斯泰此后的成长中，姑妈起了很大的作用，她让托尔斯泰从小就体会到了"爱"是一种能够孕育温暖并且具有强

大力量的情感。托尔斯泰后来说："塔吉雅娜姑妈对我的生活有着极大的影响，这种影响首先表现在：她在我童年时就教会了我对爱的精神享受。她不是用话语教会我这一点，而是以自己全身心的爱感染了我。"

因为姑妈给予的满满的爱，托尔斯泰的童年并不是阴郁的，反而每天美好如清新阳光。但同时，托尔斯泰的内心又是充满悲悯的，哪怕是掉在地上摔死的雏鸟和被烹饪的母鸡都会令他哭泣不已，为此他还得到了一个"哭鼻子精"的外号。然而，也正因为如此，这位伟大的文学家从童年时期就具有一颗悲悯之心，情感比同龄的孩子要丰富很多。

同时，因为托尔斯泰从幼时起就接受了良好的教育，少年时期的托尔斯泰就已经具有了敏锐的观察能力和丰富的想象力。不管是外出郊游还是野餐，大自然的一切都使他疯狂地着迷。他可以很长时间专注地蹲在地上一动不动，只为了观察一朵鲜花或者一只美丽的蝴蝶，回到家里之后，他便根据记忆和想象画出图画。这些美妙的经历使得他在以后写到他的童年时，不仅有丰富的内容，而且充满了愉快的回忆。

尽管一生跌宕起伏^③，但因为童年有了爱的基调，托尔斯泰仍然能用一颗悲悯之心创作出不止一部动人的世界名著。

好词解释

①举足轻重：只要脚移动一下，就会影响两边的轻重。指处于重要地位，一举一动都足以影响全局。

②雪上加霜：比喻一再遭受灾难，损害愈发严重。

③跌宕起伏：跌宕，富于变化，有顿挫波折。形容事物多变，不稳定。

精彩句段分析

不认识托尔斯泰者，就不可能认识俄罗斯。

高尔基的这句话说明，作为俄国作家，托尔斯泰是站在富有正义感的角度审视俄国社会的，史诗巨制般的作品具有里程碑一般的意义，这些都奠定了他在俄罗斯，甚至在全世界的文豪地位。

阅读收获

托尔斯泰从小失去父母，但不幸中的万幸，他遇到了给予他爱并影响他一生的姑妈。姑妈让他的人生从此有了爱的色彩，同时也给予了他创作的源泉。可见一个人的童年是一生的开始，童年的经历对成长有着很大的影响。

读后问一问

你的童年是什么色彩的？为什么？

泰戈尔

[1861—1941]
出生地：印度

☆ 成就：对中国现代文学产生过重大影响，启迪了郭沫若、徐志摩、冰心等一代文豪。《飞鸟集》影响冰心，使她写出了《繁星·春水》。

☆ 代表作：《飞鸟集》《园丁集》《新月集》等。

阅读关键词：童真

"儿童诗人"泰戈尔

《金色花》《纸船》《花的学校》《谁偷走了孩子眼里的睡眠》……仅听这些诗歌的名字，你是不是就觉得既有诗意又充满童趣呢？这些诗正是被称为"儿童诗人"的文学大师泰戈尔创作的。

"泰戈尔是伟大的诗人、哲学家、爱国者、艺术家，深受中国人民尊敬。"这是周恩来总理1957年访问印度的时候，在泰戈尔创办的国际大学写的题词。这也是泰戈尔一生的真实写照。

泰戈尔出生在印度一个富有的贵族家庭，虽然是家中最小的孩子，但大家对他并不溺爱。泰戈尔在文学方面的修养首先来自于家庭环境的熏陶。他生性自由，厌恶刻板的学校生活，连转四次学，最终也没能完成学校的常规课程学习。与学校教

育相比，他更喜欢把大自然当作自己的老师。

泰戈尔从小就醉心于诗歌创作，从 8 岁起就开始写诗，诗中洋溢着热爱祖国和反对殖民主义的情绪。11 岁那年，泰戈尔跟着父亲到喜马拉雅山旅行，一路上看尽风光的他异常兴奋，原来天地是如此广阔而又多姿。绮丽的自然风光激起了泰戈尔创作的灵感和对生活的热爱，于是他开始创作长诗和颂歌体[①]诗篇。

"如果你因失去了太阳而流泪，那么你也将失去群星了""鸟儿愿为一朵云，云儿愿为一只鸟""夜晚是五月正中的夜晚，清风是南国的清风"……泰戈尔的一生从未放弃过文学创作，这些来自《飞鸟集》《园丁集》的既清新明丽又充满童真气息的小诗深受人们的喜爱。同时，他在诗集《吉檀迦利》中也充分表达了自己热爱祖国和人民的炽热感情。因为这本诗集，1913 年，泰戈尔获得了诺贝尔文学奖[②]，成为第一个获得这一奖项的东方作家。

①颂歌体：即赞美祝颂的诗歌体式。这类诗歌旋律一般庄重热情、宽广奔放，有庄严宏伟的艺术气魄，深邃而厚实的思想内涵，用以抒发对所歌颂的人物或事物的深情厚谊。

②诺贝尔文学奖：瑞典化学家、发明家诺贝尔在 1895 年 11 月 27 日写下遗嘱，捐献全部财产 3122 万余瑞典克朗设立基金，每年把利息作为奖金，授予"一年来对人类做出最大贡献的人"。根据他的遗嘱，瑞典政府于同年设立"诺贝尔基金会"，负责把基金的年利息按五等份授予获奖者。文学奖就是其中之一。

精彩句段分析

"如果你因失去了太阳而流泪,那么你也将失去群星了""鸟儿愿为一朵云,云儿愿为一只鸟""夜晚是五月正中的夜晚,清风是南国的清风"……

简短的诗句摘选便展现了泰戈尔诗歌的清新与温暖,童真中又不失哲理,读来朗朗上口,令人心生美好。

阅读收获

出自童心,赞美童心,召唤童心,读诗应读泰戈尔,纯粹直接的语言,温暖美好的心灵,具备了这些,儿童诗的创作者也能成为文学大师。

读后问一问

你喜欢读泰戈尔的作品吗?为什么?

高尔基

[1868—1936]
出生地：苏联

★ **成就**：社会主义、现实主义文学奠基人，苏联文学的创始人。

★ **代表作**：《童年》《在人间》《我的大学》等。

阅读关键词：爱书如命

爱书如命的高尔基

　　高尔基小时候家里很穷，4 岁时父亲便因故去世，母亲带着他回到外祖父家。不久，母亲也不幸生病去世，随后外祖父又破产了，10 岁的高尔基被迫开始独自谋生。他捡过破烂儿，当过学徒和杂工，受尽欺辱和虐待①，经历了数不清的艰辛与苦厄②。虽然只上过三年小学，但他仍酷爱读书，利用一切机会阅读能读到的所有书。

　　有一段时间，高尔基在一家裁缝店当学徒。在裁缝店里，高尔基一边干活儿，一边想办法找机会读书。老板订了一份报纸，高尔基就趁老板不在时，偷偷看这份报纸。可以说，只要是有字的东西，他就都很感兴趣。

　　有一天晚上，高尔基从邻居家借来一本小说，趁老板睡着了，他在窗边借着月光津津有味地读起来。没过多久，月亮被云层遮住了，高尔基正读到兴头儿上，就赶紧偷偷点燃小油灯继续看。不料老板醒了过来，见高尔基不务正业③又浪费灯油，便怒气冲冲④地痛打了高尔基一顿。

高尔基逃跑后，在一艘轮船上遇到了一位善良的胖厨师，并做起了胖厨师的洗碗工。让高尔基感到惊喜的是，胖厨师也爱好读书，而且他有一整箱的书，还愿意让高尔基读那些书。高尔基高兴极了，一有空闲就如饥似渴地读书。在一边读书一边思考的过程中，他悟出了许多了不起的大道理。

毫无疑问，坎坷的成长经历和大量的阅读积累，无一例外地都为高尔基最终成为举世闻名的大作家奠定了坚实的基础。

好词解释

①虐待：以残暴狠毒的手段对待某些人或某些事物。

②苦厄：灾难；困苦。厄，人处困境。

③不务正业：指丢下本职工作不做，去搞其他的事情。

④怒气冲冲：盛怒的样子。冲冲，情绪激动、高涨的样子。

精彩句段分析

高尔基高兴极了，一有空闲就如饥似渴地读书。在一边读书一边思考的过程中，他悟出了许多了不起的大道理。

没有书看想办法找书看，没有时间读就想办法挤时间读，高尔基正是通过如此热切而又细致的阅读，才有了诸多的感悟，为自己的文学创作积累了情感素材。

阅读收获

书籍是全世界的营养品，是人类进步的阶梯。这个故事告诉我们：一个人想要学有所成，一个重要的法宝就是养成读书的好习惯；从小养成爱读书、读好书的良好习惯，将会让我们受益终生。

读后问一问

你至今读了多少本书？请列出你的书单吧。

黑柳彻子

[1933—]
出生地：日本

★ 成就：日本畅销书作家，联合国儿童基金会
亲善大使。

★ 代表作：《窗边的小豆豆》等。

阅读关键词：改变

"小豆豆"黑柳彻子

　　有一本书被誉为最懂儿童心理的童书，这本书出版后，在全球引起了极大的反响，引起无数人共鸣，在儿童教育的方式上，给成人以深刻的启示①。这本书就是日本作家黑柳彻子写的《窗边的小豆豆》。

　　"小豆豆"这个名字正是来自黑柳彻子自己，她小时候听别人叫她"小彻子"时总会听成"小豆豆"，所以一直自称"小豆豆"。

　　小豆豆从小就是个特别淘气的孩子，小学一年级就因为捣蛋影响全班同学，被学校劝退。无奈的妈妈东奔西走，想方设法终于为她找到了一所既能理解她的性格，又能教育她学习的学校。于是，小豆豆来到了拥有电车教室的巴学园，并且在入学第一天就遇到了一位改变了她一生的老师——小林校长。

巴学园里有一些患有先天疾病的小朋友，小林校长对每个孩子都倾注了爱。第一次见面他用了四个小时听小豆豆说她想说的话，尽管她说话时的语序很乱，但小林校长一直专注地听着。

小豆豆之前曾感觉自己和别的孩子不一样，感到被别人排斥②，但小林校长却愿意认真听她讲话，她第一次感受到了来自别人的尊重。跟以前学校的老师、同学把她当成奇怪的孩子不同，小林校长一有机会就跟小豆豆说："小豆豆真是个好孩子啊！"这句话也让小豆豆从此用好孩子的标准来要求自己，于是，她的心中开始怀有"我是个好孩子"的自信了……

长大后的小豆豆变成了日本最有名的主持人，她把这段经历写成了《窗边的小豆豆》，出版伊始，便迅速引起了巨大的反响，后来还被翻译成35种语言出版，从前的小豆豆成了最畅销图书的作者。联合国官员读后，认为"再也没有比她更了解孩子的了"，于是任命黑柳彻子为联合国儿童基金会历史上第一位亚洲亲善大使。

好词解释

①启示：启发开导，使有所领会。
②排斥：指不相容、不合适，使离开或不让进入。

精彩句段分析

小林校长一有机会就跟小豆豆说："小豆豆真是个好孩子啊！"这句话也让小豆豆从此用好孩子的标准来要求自己，于是，她的心中开始怀有"我是个好孩子"的自信了……

小林校长的接纳拯救了因调皮被退学而自我怀疑的小豆豆，他的这句话改变了小豆豆的命运，让一直不被认可的她重塑起了自信心。

阅读收获

本文讲述了小豆豆小时候因调皮被退学，后来遇到了巴学园的小林校长后有很大改变的故事。小林校长包容了她的调皮，看到了她身上的闪光点，从而鼓励她变得自信，改变了她的命运。这告诉我们：调皮并不是坏孩子的标签，只要用正确的方式来引导、鼓励每一个孩子，坏孩子也会变成好孩子。

读后问一问

一个好孩子应该有什么样的标准？这些标准里你具备了几项？

托马斯·肯尼利

[1935—]
出生地：澳大利亚

★ 成就：创作的《辛德勒方舟》被改拍成电影《辛德勒的名单》，一举夺得七项奥斯卡奖项。

★ 代表作：《辛德勒方舟》等。

阅读关键词：不倦追求

不倦追求的托马斯

改编自小说《辛德勒方舟》的电影《辛德勒的名单》，一举拿下当年奥斯卡的七项大奖。小说作者正是澳大利亚的作家托马斯·肯尼利。

托马斯的父母没有受到过高等教育，因此母亲一直为这件事耿耿于怀①。在托马斯很小的时候，母亲为他准备了许多书，并且经常对他说："读书绝不会使你成为坏孩子。"在托马斯的童年时代，读书成了他最大的乐趣。托马斯将近20岁的时候，进入了神学院学习神学，当时他的想法是做一个神职人员。这一待就是六年。六年中他一直没有弄明白学习神学对他究竟意味着什么。最终他离开了神学院。

何去何从，托马斯很茫然。他先是去学习法律，打算当律师，后来又去中学当老师。但托马斯一直觉得这不是自己想要的生活，直到28岁那年，他开始尝试着写小说。一年后，他

写出了平生第一部小说，虽然他认为写作技巧极差，漏洞百出，非常不完美，但它是他写作的开始。

偶然的机会，托马斯的第一部小说出版了，这彻底改变了托马斯的命运，他发现自己是个可以把故事讲好的人，并且可以靠写作为生。托马斯十分满意自己做出这样的选择。待他听了商人朋友波尔代克讲的故事写出《辛德勒方舟》时，已经离他创作第一部小说有 16 年的时间。

《辛德勒方舟》一经出版，就获得了著名的布克文学奖。应导演斯皮尔伯格要把此书拍成电影之邀，托马斯仅写剧本就写了十年，写了改，改了写，也正是因为他孜孜不倦的追求，才有了后来被改拍成电影的《辛德勒的名单》，继而轰动全球，影响空前。而他自己，也因为富有正义感和人道主义②情怀，成为澳大利亚国宝级的作家。

好词解释

①耿耿于怀：指令人牵挂或不愉快的事在心里难以排解。

②人道主义：源于欧洲文艺复兴时期的一种思想。提倡关怀人，尊重人，以人为中心的世界观，主张人格平等，互相尊重。

精彩句段分析

母亲为他准备了许多书，并且经常对他说："读书绝不会使你成为坏孩子。"

没有条件读书，创造条件也要读书。母亲用自己的方式培养了优秀的孩子，而托马斯后来也向母亲证实了"读书绝不会使你成为坏孩子"是完全正确的。托马斯没有变坏，还

从读书的人变成了写书的人，并影响了无数的人。

阅读收获

从神学院到律师再到老师，托马斯一路孜孜不倦地追求，最终成就了自己的作家梦。走弯路不可怕，可怕的是一直迷失方向。找准自己喜欢且满意的路，坚持走下去，就一定会看到胜利的曙光。

读后问一问

你知道哪些关于读书的格言？请写下来两条吧。

快乐闯关

小朋友，你是不是对这些外国文学家又多了一些了解呢？
既然这样，快来快乐闯关，看看你是不是真正了解他们吧！

一、榜样的力量是无穷的，你还记得这些文学家所具备的优秀品质
是什么吗？

巴尔扎克 _____

夏洛蒂·勃朗特 _____

福楼拜 _____

黑柳彻子 _____

泰戈尔 _____

二、以下文学家是哪个国家的？代表作又是什么？快连线对号入座吧。

《丑小鸭》	莎士比亚	法国
《高老头》	歌德	俄国
《简·爱》	巴尔扎克	
《少年维特之烦恼》	安徒生	英国
《哈姆雷特》	夏洛蒂·勃朗特	德国
《巴黎圣母院》	列夫·托尔斯泰	
《战争与和平》	雨果	丹麦

三、请给《窗边的小豆豆》中的主人公"小豆豆"写封信吧，一定
要写出你的真实想法哟！

 _____

_____

170